Training Note

トレーニングノートβ 現代文読解

はじめに

本書は、「トレーニングノートα」の上級編として、現代文読解の実戦力養成を目的とした問題集である。

文章の選定にあたっては、主題が端的に提示され内容を掴みやすい文章ということを第一に重視した。また、最近の入試問題を研究し、良問を中心により考える力をつけられる設問を収めた。最近話題になっている種々の問題を積極的に取り上げ、高校生諸君の興味に応えられるものとした。

単元の配列は設問の難易度順とし、学習の積み上げにより、徐々に力がつくよう配慮した。

現代文の実戦力は、良問を数多く解き、解答例を参照して、思考のプロセスを確認することによって培われる。本書を学習することにより、読解力が深まると確信する。

本書の特色

(1) 素材として選んだ文章は、実際の入試出題のものを中心とし、大学入試の実戦力養成ができるよう配慮した。

(2) 各問題は二ページ構成で、文章は一〇〇〇字程度のものとした。また、解答はすべて書き込み式にし、別冊の「解答、読解のポイント、解説」を参照しやすくした。

(3) 「β現代文」よりも記述式の問題をやや多く収録した。時間配分は二五分を目安として、解答できるように配慮した。

(4) 「漢字」の問題と「語句」の注は、本文の右ページにまとめた。

(5) 各設問ごとの配点を示し、「漢字」を含め、全体で五〇点満点としてある。

(6) 各章の終わりには、それまでの力を試す「章末問題」を設けてある。「章末問題」は四ページ構成とし、より実際の入試問題に近い問題形式となっている。時間配分は三五分。

目次

第1章　言葉や文学をめぐる思想

第2章　現代社会を問う

第3章 世界と日本

1 評論 言語の身体性 —— 内田樹

時間 25分 得点
〔 月 日〕
解答▼別冊1ページ

外国語を母国語の語彙に取り込むということは、「そのカンネンを生んだ種族の思想」を（部分的にではあれ）採り入れることです。そのことばを使うことで、それ以前には知られていなかった、「①新しい意味」が私たちの中に新たに登録されることになります。私の語彙はそれによって少しだけ豊かになり、私たちの世界は少しだけ立体感を増すことになります。ですから、母国語にある単語が存在するかしないか、ということは、その国語を語る人たちの世界のとらえ方、経験や思考に深く関与してきます。身近な例を一つ挙げましょう。

私たち日本人はすぐに肩が凝ります。「ああ、肩が凝った」という愁訴*はふつうは根を詰めて仕事をしたあとや、気詰まりな人間関係をがまんした後に口にされます。ところが、「肩が凝る」という身体的生理的現象は、日本語を使う人の身体にしか生じないという医療人類学上の興味深い研究があります。（小林昌廣「肩凝り考」）たしかに同じ姿勢で長いあいだ作業をしたりすれば、世界中の人は誰だって背中から首筋にかけての筋肉がコウチョクして痛みを発します。しかし、それを他の国語の人々は必ずしも「肩が凝った」という言い方では表現しないのです。

英語がそうです。英語にはもちろん「肩」ということばがあり、「凝る」ということばもあります。しかし英語話者は「私はこわばった肩を持つ」という言い方をしません。日本人が「肩が凝る」のとだいたい同じ身体的な痛みを彼らは「背中が痛む」I have a pain on the back. と言うのです。[1]

日本人もアメリカ人も痛むのはそれほど違う箇所ではありません。しかしその痛みの場所を別の単語で表現するのは、②痛みの場所が「どこ」かということが、それぞれの国語の中で、重要な意味を持っているからです。

英語では、[A]仕事をすることを、「重荷を背中に背負う」carry a burden on one's back と言い、熱心に働くことを「背骨を折る」break one's back と言います。ですから、英語話者は仕事のストレスを「肩」ではなく、back に感じ取っている、ということが分かります。[2]

日本では、誰かが「背中が痛い」と言ったら、「[B]に行ったら？」と応じますが、「肩が凝った」と言う人に対してはほとんど反射的に、「ご[C]さまでした」と返します。それは「肩が凝った」というのは単な

漢字（各2点）

a カンネン〔　　〕
b 愁訴〔　　〕
c コウチョク〔　　〕
d リョウカイ〔　　〕
e ハンイ〔　　〕

語句
愁訴…嘆き、訴えること。

る身体的な痛みの表現ではない、ということを私たちがリョウカイ[d]し合っているからです。「肩が凝った」という訴えが「自分は本来の責任ハンイ[e]を超える仕事をして、疲れたのだから、ねぎらって欲しい」という社会的なメッセージを含んでいることをみんな知っているからです。[3]（中略）

　このように、私たちの経験は、私たちが使用する言語によって非常に深く規定されています。身体経験のような、世界中誰の身にでも同じように起こるはずの物理的・生理的現象でさえ、言語のフレームワークを通過すると、様相を一変させてしまうのです。[4]

□(1) 傍線部①とあるが、本文ではどのようなことが「新しい意味」になるか。具体例を使って簡潔にまとめなさい。（13点）

□(2) 次の文は、文中の[1]～[4]のどこに入るか。番号を書きなさい。（6点）

　ですから、それと同じ状況で、英語話者は自分の労苦へのねぎらいのことばを求めるときには「背中が痛い」と訴えることになります。そして、現にそのときその人の身体ではまちがいなく「背中」が激しく痛んでいるのです。

□(3) 傍線部②の説明として適切なものを次から選びなさい。（6点）

ア 日本語では「肩」が痛むのと「背中」が痛むことには大きな意味の違いがあるが、英語では大きな違いとはならない。

イ 痛みを感じる場所はさほど違わなくとも、それを別の場所と表現することに、日本語と英語の言語上の違いがあらわれている。

ウ 痛みを感じる場所が「肩」や「背中」であることには、それぞれの国語の中で、痛みの場所を表現する以上の意味がある。

エ 痛みの場所を特定できる正確さが、それぞれの国語が形成される過程で重視された。

□(4) 空欄Aに入る語句を本文より五字で抜き出しなさい。（6点）

□(5) 空欄B・Cに入る語句をそれぞれ漢字二字で書きなさい。（各5点）

解答欄

(1)

(2)

(3)

(4)

(5) B　C

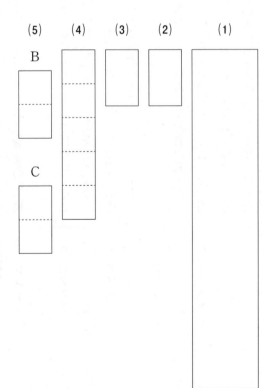

2　随筆　私の日本語雑記 ―― 中井久夫

時間 25分　得点

〔　月　日〕

解答▼別冊1ページ

一般の辞書は言語で「椅子」「犬」を定義している。しかし、私たちは直観的に「椅子」「犬」といっているのであって、定義を覚え、当てはめて、「やっぱり椅子だろうな」とすることはめったにない。では理想的な「椅子」があるのか。

絵入り辞書ではいろいろな椅子の形が描いてある。しかし、とても「椅子」を尽くしたものではない。そこで、プラトン*は天上に「椅子」の「イデア」があって、①それは眼にみえないけれども、地上の不完全な「椅子」を椅子と捉えるように働いているのであるという。「イデア」には、観念、思想、その他いろいろな訳があるだろうが、元来は「形」ということらしい。こうしたことは若い時にはおとぎ話のように思えたので、今まで[a]シンケンに考えたことがなかった。

しかし、高校生のドイツ語の時間、昔のことだから訳読が中心の授業であったが、真面目な初老の先生が、「『犬』と訳しても、日本の犬とは違う。ほんとうは『洋犬』と訳さなければならないのです」と言った。当時は各種の「洋犬」が②跋扈《ばっこ》する今と違って、だいたいは柴犬のようなのが「犬」だった。「洋犬」はテリアぐらいか。「ふうん、洋服、洋館、洋樹としなければならないのか。それでもいろいろあるだろう」と私は思った。しかし、この先生のコメントは頭の[b]カタスミに残って『失われた時を求めて』の中の訳語などには、「プルースト(注)の指しているものと違うのがずいぶんあるだろうな」などと考えた。そんなに違っても、なぜ私たちは外国の小説が読めるのだろうか。あるいは源氏物語を。私は現に読んでいるのだが、不思議である。訳語の少しの違いよりも、厳格主義者には③こちらのほうが問題ではなかろうか。

私は最近、ある勉強会で[c]タズねてみた。イメージとそれに対応する名がありますね。イメージが先だと書いてある本があるけれども、ほんとうにイメージなりモノが先ですか、それとも言葉が先ですか、と。答えは、最初に子どもが言葉を覚える時には、モノなりイメージが先でしょうね、だった。

[d]タンジュンにイメージが優先するとすると、われわれは外国の小説をどうして読めるのだろうか？　この質問に対する答えは「それは私たちがいい加減だからです」だった。④この「いい加減さ」には深い意味があるぞ

漢字（各2点）

a　シンケン〔　　〕

b　カタスミ〔　　〕

c　タズねて〔　　〕

d　タンジュン〔　　〕

e　サッカク〔　　〕

語句

プラトン…紀元前五～四世紀に活躍したギリシアの哲学者。

と私は思った。

子どもは名付けを楽しむ。名付けは世界の征服である。子どもは行きつもどりつ、言葉の範囲を確定してゆく。しかし、それには厳密な面といい加減な面とがある。かなりいい加減な椅子でも座れれば椅子という。いや、壊れて座れない椅子も「椅子のこわれたの」と認識する。しかし、非常に形は似ていても「いや、椅子でない」と断言する場合もある。「椅子」の範囲は、また、拡大したり縮小したりする。そして、「何々に似たもの」といったりする。言葉とその意味の対応はアメーバに似ている。

私たちのeサッカクは、帝国主義国が世界を分割してしまったように、言語が世界を分割していると思い込んでいることかもしれない。実際はそうではない。さまざまな椅子を「椅子」と名付けることによって、私たちは利益も得たが、粗雑にもなった。

(注)プルースト…マルセル・プルースト(一八七一～一九二二)。フランスの小説家。代表作に『失われた時を求めて』がある。

□(1) 傍線部①が指す内容として適切なものを次から選びなさい。(10点)

ア 不完全な椅子の例　イ 椅子として認識するための条件

ウ 椅子の基本となるモデル　エ 椅子としての機能的な働き

□(2) 傍線部②の意味として適切なものを次から選びなさい。(10点)

ア のさばる　イ 人気が出る　ウ 愛される　エ 目立つ

□(3) 傍線部③とあるが、どのような内容か。適切なものを次から選びなさい。(10点)

ア 訳語が、もとの言葉の意味と違っていること。

イ もとの言葉が忠実に訳せていないことに気づいていないこと。

ウ 人が言葉を覚えるとき、言葉よりイメージを先に覚えること。

エ もとの言葉の意味を知らなくても外国の小説や古典を読めていること。

□(4) 傍線部④とあるが、どのような点がいい加減なのか。本文の言葉を使って説明しなさい。(10点)

解答欄

(1)

(2)

(3)

(4)

3 評論 日本古代文学史 ―― 西郷信綱

ある時代の文学は、それ以前の文学のもっていたもろもろの機能や要素をすべて包みこみ綜合《そうごう》しながら出てくるのではなく、むしろ、あるものを失うことによってあるものが得られるという歴史的[a]ムジュンがそこにはあると見える。だから①古代から近代へと失われていく何ものかがあり、同時に、失うことによって獲得される何ものかがあるというわけで、古い作品がわれわれに魅力を与えるのも、われわれの手持ちでない、だが持ちたいと欲する新しい何かが、時としてそこに[b]潜在していると感ずるからにちがいない。

よく古典の永遠性ということがいわれる。が、②それのしかける*陥穽《かんせい》におちこんではなるまい。かりにある作がずっと読まれつづけてきたにせよ、*享受の中味は時代で変ってきているし、またそれはこれからさき必ず変っていく。しかも、どう変っていくか目測できない。われわれの現にありがたがっている作がよまれなくなることだってないとはいえず、思いがけぬ作が浮かびあがってくることもありうる。戦前戦後をふりかえってみても、その間あるものが死に、あるものがよみがえってきたのを見とどけることができる。われわれじしん、この絶え間ない変化のなかにいるのであって、自己の位置を絶対化すると自己を[c]トウケツさせることになりかねない。③年少時の文学経験について[d]羞恥を抱かぬ人がいるだろうか。何をどのように古典として設定するか、つまりその A と B は、かくして時代によって変容をうける。われわれはもう本居宣長と同じようには『古事記』や『源氏物語』をよまぬだろうし、賀茂《かもの》真淵《まぶち》や子規と同じように『万葉集』をよむこともしないだろう。研究がすすみ新事実を知ったためだけではない。それはむろんある。が、それのみと考えるのは学者の思いあがりで、いっそう根本的には時代の文学経験や文学概念が、宣長や子規などの時代と異なる性質のものになっているためである。

誰がどのように作品をよむかということをはなれて作品そのものの永遠性を論ずると、どうしても*形而上学《けいじじょうがく》を作りあげる*仕儀になる。作品そのものというようなものはどこにも存在しないし、誰にも経験できない。では、古典と呼ばれるものはどこにあるかといえば、それは過去と現代のあいだ、つまり過去にぞくするとともに現代にもぞくするというほかない。日附《ひづけ》がいかに古かろうと、文学として訴えてこなければそれは古記録で

時間 25分　得点　〔　月　日〕

解答▸別冊2ページ

漢字（各2点）

a ムジュン〔　　〕

b 潜在〔　　〕

c トウケツ〔　　〕

d 羞恥〔　　〕

e ヒトスジナワ〔　　〕

語句

陥穽…策略。わな。

享受…恵みや利益などを受け入れて、自分のものにすること。

形而上学…魂・神・世界などを研究対象として、その普遍的な原理を認識しようとする学問。

仕儀…ことの成り行き。

ある。④その作られた時代とともに滅びず、現代人に対話をよびかけてくる潜勢力*をもったもののみが古典である。そしてこの過去と現代に同時にぞくするものを、複雑に入りくんだ歴史的人間活動としてとらえようとするのが、文学史の役目ということになる。文学史の記述に、ヒトスジナワ[e]ではいかぬ厄介さがつきまとうのもこのためである。

潜勢力…内部に潜んでいて、表には現れていない勢力。

□ **(1)** 傍線部①と対比されている部分を本文から四十字程度で抜き出し、初めと終わりの五字を書きなさい。（句読点を含む）（6点）

□ **(2)** 傍線部②とはどういうことか。わかりやすく説明しなさい。（10点）

□ **(3)** 傍線部③はどのようなことを説明するための具体例として挙げられているか。適切なものを次から選びなさい。（8点）

ア 自分に古典の素養がまだ十分に備わっていないこと。
イ 自身の読書観が一定ではなく、絶対視できないこと。
ウ 古典を読んだ感想は、人によって異なっていること。
エ 時代によって、好まれる古典作品に違いがあること。

□ **(4)** 空欄A・Bに入る語句の組み合わせとして適切なものを次から選びなさい。（6点）

ア A 基準　B 正解
イ A 批評　B 反論
ウ A 選択　B 解釈
エ A 逡巡　B 決断

□ **(5)** 傍線部④とあるが、筆者は古典とはどういうものだと考えているか。簡潔に説明しなさい。（10点）

解答欄

(1) 〜

(2)

(3)

(4)

(5)

4 評論 人と人との間 —— 木村 敏

〔　月　日〕

時間 25分 得点

解答▸別冊3ページ

日本語特有の語や語法の中でも、精神構造論的あるいは精神病理学[*]的な[a]ケンチから特に興味深く、また重要であるのは、人称代名詞の用法であると思う。［A］、人称代名詞とは自己および特定の他者について、その主体性を代表し、それを言語的に表出する機能を持っており、日本人と西洋人とのものの見方、考え方の[b]ソウイは、なによりもまずこのような自己および他者の主体性のありかたのソウイに基づいていると考えられるからである。他者の主体性、つまり或る他者が誰であるかということは、つねに自己の主体性、自己が誰であるかということと[c]ミッセツに関連していて、窮極的にはこれに還元されてしまう。他者を二人称あるいは三人称の人称代名詞で名指せるためには、自己を一人称の人称代名詞で呼ぶという思考構造、体験構造が確立していなくてはならない。［B］このことは、けっして人間にとって[d]ジメイの能力ではないのである。幼児の発育過程においても、人称代名詞の用法が確立するのはかなり言語機能の進んだ時期、［C］①自己および他者の自己同一性と不変性についての、すなわち自己あるいはその人称代名詞で名指される特定の他者が、つねに変わらずそれ自身であり続けることについての十分な認識が可能になった時期においてである。

まず一人称代名詞についてみると、自分自身に関する[e]ジタイを言い表すのに「私」とか「ぼく」とかの抽象的な代名詞を使用しうるということは、右にも言ったようにけっして最初からジメイのことではない。言葉を覚えはじめた当初の幼児は、まだ一人称代名詞を使用することができない。最初にはまず、自分がつねに変わらぬ自分であり続けることについての意識が全く存在しないと思われる時期があり、この時期には行為や知覚の主体としての自分自身がいかなる形においても言語的に表出されることがない。この時期に続いてたいていの子供には、自分自身を②具体的な固有名詞で名指す時期が訪れる。大人が自分を呼ぶときにいつも決まって用いる言葉が自分の名前であり、この言葉を用いることによって、自分自身の行為や知覚の主体である「だれ」を言い表すことができるのだという知識を、子供はいつの間にか身に着ける。そのためには、自分がいつも同じ自分であることについての、なにがしかの漠然たる直観的な自覚のようなものが形成されている必要があるだろう。

漢字（各2点）

a ケンチ〔　　〕

b ソウイ〔　　〕

c ミッセツ〔　　〕

d ジメイ〔　　〕

e ジタイ〔　　〕

語句

精神病理学…精神病を心理学的側面から理解し記述するための学問。

次に子供は、この漠然たる自覚の主体、自分が行動したり感じ取ったりする際の統一的中心点のようなものが、自分だけにではなく誰にでも所属しているものであって、大人はそれを「私」とか「ぼく」とか呼んでいることに気付くようになるだろう。（中略）つまり、固有名詞は自分自身の在不在にはかかわらずいついかなる時にでも自分を代表しているのに対して、［D］は自分自身が現に居合わせている具体的な対人関係の場において、当面の相手に対する自己の主体性を指して言われるべきものであることを、きわめて漠然とした仕方で身に着けるようになる。

（一部変更がある）

□(1) 空欄A～Cに入る語句をそれぞれ次から選びなさい。（各4点）

ア そして　**イ** ところで　**ウ** なぜならば

エ つまり　**オ** あるいは

□(2) 傍線部①と同じ内容を表す語句を、それぞれ本文より二箇所、二十字以内で抜き出しなさい。（各6点）

□(3) 傍線部②にあたる語句を本文より五字で抜き出しなさい。（6点）

□(4) 空欄Dに入る語句を本文より抜き出しなさい。（4点）

□(5) 筆者の主張と異なるものを次から選びなさい。（6点）

ア 子供(幼児)が自分を固有名詞で表現する能力を身につけるのは、大人が自分を特定の名前で呼ぶことにもとづく。

イ 子供(幼児)が一人称代名詞を使うようになるのは、自分と他人との間に違いを認めるようになってからである。

ウ 子供(幼児)が自分自身を具体的に固有名詞で呼ぶのは、自分を一人称代名詞で名指すようになるより後である。

エ 子供(幼児)が一人称代名詞を身につけるのは、自己同一性を体得することによる。

解答欄

(1) A　B　C

(2)

(3)

(4)

(5)

5 随筆 日本語が亡びるとき ―― 水村美苗

よくある表現に、「文字が入ってきた」という表現がある。歴史のなかで、無文字文化が文字文化に転じたときに使う表現である。だが、より正確な言い方をすれば、無文字文化が文字文化に転じるのは、たんに文字が伝来するからではない。人は、外から文字が伝来するや[a]否や、あんれまあ、これはこれは世にもありがたいものが入ってきた、さあ、それではその文字とやらを使って〈自分たちの言葉〉を書いてみよう、などといって文字文化の仲間入りをするわけではない。(一)鋤《すき》や鍬《くわ》が伝来したからといって、人は突然畑を耕すわけにはいかない。畑を耕すことの意味がまず理解されなければならないからである。いわんや、文字においてをや、である。外から伝来するのは、まずは文字そのものではなく、文字が書かれた巻物の束である。そして、ある文化が無文字文化から文字文化に転じるというのは、まずは、少数の人が、それらの伝来した巻物の束――〈外の言葉〉を読めるようになるのをいう。すなわち、その社会に少数の二重言語者が[b]タンジョウするのをいう。

巻物の束は、さまざまな方法で入ってくるであろう。戦争の相手からも入ってくるであろう。[c]コウエキの相手からも入ってくるであろう。難民の群からも入ってくるであろう。皇帝の贈り物として、使者の頭上に高く掲げられ入ってくることも、布教*活動の一端として、僧侶が抱えて入ってくることも、また、時によっては、[d]イタンの書として、流刑*者の[e]懐の奥深くに秘められて入ってくることもあるであろう。だが、巻物の束は、たとえそれが金の箱に納められていようと、(二)ふつうの宝物とはちがう。たしかに巻物はモノとして存在しなければならないが、読むという行為がなければ、それは黒い点や線が描かれた白い羊皮紙や紙でしかないからである。〈書き言葉〉の本質は、書かれた言葉にはなく、読むという行為にあるのである。

しかも、二重言語者は、たんに外から伝来した巻物を読めるようになるだけではない。二重言語者が外から伝来した巻物を読めるようになったとき何がおこるか。かれらは、実は、その〈書き言葉〉で書かれた(三)〈図書館〉へと出入りできるようになるのである。

ここでいう〈図書館〉とは、蓄積された書物の総体を□に指す表現である。建物のあるなしは問題としない。戦争、火事、洪水、盗難、*焚書《ふんしょ》など、さまざまな歴史の荒波にもかかわらず、人類にはなお残されたたく

〔　月　日〕

時間 25分 得点

解答▸別冊4ページ

漢字（各2点）

a 否〔　　〕
b タンジョウ〔　　〕
c コウエキ〔　　〕
d イタン〔　　〕
e 懐〔　　〕

語句

布教…宗教を広めること。
流刑…罪人を離れ島や辺境に送る刑罰。
焚書…思想や学問の弾圧のために、書物を焼き捨てること。

さんの書物があり、その、たくさんの書物を集めたものが〈図書館〉である。外から伝来した巻物を読めるようになることによって、二重言語者は、その〈図書館〉への出入りが、潜在的に、可能になる。

　無文字文化が文字文化に転じるというのは、すなわち、伝来した巻物を読める少数の二重言語者がタンジョウするだけでなく、それらの少数の二重言語者が、そのような〈図書館〉に、潜在的に、出入りできるようになるのを意味するのである。

□(1) 傍線部㊀とあるが、無文字文化から文字文化への変遷において、①「鋤や鍬」・②「畑を耕す」にあたるのはそれぞれ何か。簡潔に書きなさい。（各5点）

□(2) 傍線部㊁とあるが、「ふつうの宝物」と「巻物の束」とにはどのような違いがあるか。簡潔に説明しなさい。（6点）

□(3) 傍線部㊂とはどういうことか。適切なものを次から選びなさい。（8点）

ア その時代を代表する知識人として社会的な地位を得る。
イ 書物の奥にある他国の思想や文化を理解することができる。
ウ 書き言葉を用いた多くの書物に触れることが可能になる。
エ 新しい文字文化のあり方を広く提言することが求められる。

□(4) 空欄に入る語句を次から選びなさい。（8点）

ア 抽象的　**イ** 一般的
ウ 総合的　**エ** 象徴的

□(5) 二重傍線部とはどういうことか。具体的に説明しなさい。（8点）

解答欄

(1) ①

②

(2)

(3)

(4)

(5)

6 評論 語感 ―― 中村明

時間 25分 得点

〔　月　日〕

解答▼別冊5ページ

それでは、「語感」というのは、この意味での「意味」とどういう関係になるのだろうか。このことばも単純に、こういう意味だと片づけるわけにはいかない。少なくとも二つの違った意味で使われるからだ。同じ辞典で「語感」という項目をこれも偶然のように私がシッピツしたので、それに従って意味・用法を確認しておこう。一つは、「言語感覚」すなわち「ことばに対する感覚」を意味し、特に「類義語の微妙なニュアンスの差を感じ取る能力」をさす、と説明してある。「あの人は語感が鋭い」と言ったり、「適切な表現ができるように語感をみがく」と言ったりするときの「語感」がそれに当たる。

「類義語の微妙なニュアンスの差」という表現は、(一)文字どおり意味深長だ。「ニュアンス」ということばが分析的でなく感覚的だからである。その「ニュアンス」という語を例の辞典で、一応「ことばの感情的、文体的な意味の違い」と定義しながら、「指示対象の微妙な差をふくむ場合もある」と説明を補足したのは、そういうハイリョによる。つまり、「ニュアンス」という語は、それが何をさすかという点での微妙な違いと、何をさすかということとは別に、そのことばがもっているなんらかの感じ、という両方の意味をバクゼンとさしているわけである。

とすれば、「語感」のほうも、そういう両面でのことばの微妙な［A］を意味し、(二)ひいては、その微差を感じ分ける言語的な［B］をもさす、ということになる。

「語感」の第二義「ある語が指示する対象的意味以外に、その語がもつ感じ」というのは、ことば自体にしみついている、(三)ある種のにおいのようなものをさす。「このことばは語感が悪い」とか、「この二語はケッキョク同じことをさすが、両者には語感の違いがある」とかと言うときの「語感」はこの用法だと考えていい。こういう周辺的な意味のほうは、中心的な意味よりはるかに複雑であり、そこにイッカツされる範囲も曖昧であり、また、それらの各種の関係も微妙である。

まず、「美人」ということばと「佳人」ということばとを比べてみると、前者がごく一般的な語であるのに対し、後者は主として書きことばの、かなり改まった表現の中で使われる［C］なことばである、という違い

漢字（各2点）

a シッピツ〔　〕
b ハイリョ〔　〕
c バクゼン〔　〕
d ケッキョク〔　〕
e イッカツ〔　〕

語句

相対的…他との関係・比較の上で成り立っているさま。

が認められる。

「顔」と「つら」との間にも、改まりの度合いの差という、いわゆる文体的なレベルの違いもあるが、この組み合わせでは、相対的*に改まっている「顔」のほうがむしろ、どこででも使えるごく［D］のことばであり、「つら」のほうが、もっぱらくだけた話しことばで使われる［E］な語なのである。

(1) 傍線部㊀について、次の問いに答えなさい。

□① 「意味深長」の意味を書きなさい。（5点）

□② どのような点で「文字どおり意味深長」なのか。わかりやすく説明しなさい。（8点）

□(2) 空欄A・Bに入る語句を本文より抜き出しなさい。ただし、Bは漢字二字で抜き出すこと。（各3点）

□(3) 傍線部㊁の意味として適切なものを次から選びなさい。（4点）

ア よく考えてみると
イ それでやはり
ウ 同時に
エ さらに進んで

□(4) 傍線部㊂が指すものは何か。わかりやすく説明しなさい。（8点）

□(5) 空欄C・D・Eに入る語句をそれぞれ次から選びなさい。ただし、記号は一度しか選べません。（各3点）

ア 曖昧　イ 普通　ウ 特殊　エ 微妙
オ 相対的　カ 感覚的　キ 上品

解答欄

(1) ①

②

(2) A

B

(3)

(4)

(5) C

D

E

7 随筆 作家の手帖《てちょう》 —— 太宰治

その酒の店からの帰り道、井《い》の頭《かしら》公園の林の中で、私は二、三人の産業戦士に逢った。その中の一人が、すっと私の前に立ちふさがり、火を貸して下さい、と叮嚀《ていねい》な物腰で言った。私はキョウシュクした。私は自分の吸いかけの煙草を差し出した。私は咄嗟《とっさ》の間に、さまざまの事を考えた。私は挨拶の下手な男である。人から、お元気ですか、と問われても、へどもどとまごつくのである。何と答えたらいいのだろう。元気とは、どんな状態の事をさして言うのだろう。元気、あいまいな言葉だ。むずかしい質問だ。辞書をひいて見よう。元気とは、身体を支持するいきおい。精神の活動するちから。すべて物事の根本となる気力。すこやかなること。勢いよきこと。私は考える。自分にいま勢いがあるかどうか。それは神さまにおまかせしなければならぬリョウイキで、自分にはわからない事だ。お元気ですか、と何気なく問われても、私はそれに対して正確に御返事しようと思って、そうして口ごもってしまうのだ。ええ、まあ、こんなものですが、でも、まあ、こんなものでしょうねえ、そうじゃないでしょうか、などと①自分ながら何が何やらわけのわからぬ挨拶をしてしまうような始末である。私には社交の辞令が苦手である。いまこの青年が私から煙草の火を借りて、いまに私に私の吸いかけ煙草をかえすだろう、その時、この産業戦士は、私に対して有難うと言うだろう。私だって、［A］時には、何のこだわりもなく、有難うという。それは当りまえの話だ。私の場合、ひとよりもっと叮嚀に、帽子をとり、腰をかがめて、有難うございました、とお礼を申し上げる事にしている。その人の煙草の火のおかげで、私は煙草を一服吸う事が出来るのだもの、謂《い》わば一宿一飯の恩人と同様である。けれども逆に、私が他人に煙草の火を貸した場合は、私はひどく挨拶の仕方に［B］するのである。煙草の火を貸すという事くらい、世の中に易々たる事はない。それこそ、なんでもない事だ。貸すという言葉さえ大袈裟なもののように思われる。自分の所有権が、みじんも損《そこな》われないではないか。御不浄拝借よりも更に、手軽なイライではないか。私は人から煙草の火の借用を申し込まれる度毎に、いつもまごつく。殊にその人が帽子をとり、ていねいな口調でたのんだ時には、私の顔は赤くなる。はぁ、どうぞ、と出来るだけ気軽に言って、そうして、私がベンチに腰かけたりしている時には、すぐに立ち上る事にしている。そうして、少し笑いながら相手の人の受け取り易

［　月　日］

時間 25分　得点

解答▸別冊6ページ

漢字（各2点）

a キョウシュク［　　］

b リョウイキ［　　］

c 大袈裟［　　］

d イライ［　　］

e エシャク［　　］

いように私の煙草の端をつまんで差し出す。私の煙草が、あまり短い時には、どうぞ、それはお捨てになって下さい、と言う。マッチを二つ持ち合せている時には、一つ差し上げる事にしている。一つしか持っていない時でも、その自分のマッチ箱に軸木が一ぱい入っているならば、軸木を少しおわけして上げる。②そんな時には、相手から、すみませんと言われても、私はまごつかず、いいえ、と挨拶をかえす事も出来るのであるが、マッチの軸木一本お上げしたわけでもなく、ただ自分の吸いかけの煙草の火を相手の煙草に移すという、まことに何でもない事実に対して、叮嚀にお礼を言われると、私はeエシャクの仕方に窮して、しどろもどろになってしまうのである。

（一部変更がある）

□(1) 本文の中で、「私」が自分自身を評価している箇所がある。その箇所を七字で抜き出しなさい。（8点）

□(2) 傍線部①とあるが、なぜか。適切なものを次から選びなさい。（8点）

ア お元気ですか、という問いに正確に返事をしようと思ってうろたえてしまったから。

イ お元気ですか、という問いに咄嗟に返す言葉が思いつかなかったから。

ウ お元気ですか、と見知らぬ人から声を掛けられて驚いたから。

エ お元気ですか、と見知らぬ人から声を掛けられたことが嬉しかったから。

□(3) 空欄Aに入る語句を八字以上十二字以内で書きなさい。（8点）

□(4) 空欄Bに入る語を本文より漢字一字で抜き出しなさい。（6点）

□(5) 傍線部②とあるが、その理由を説明しなさい。（10点）

解答欄

(1)

(2)

(3)

(4)

(5)

8 評論 「白足袋」と「白い手袋」の間 ― 村上陽一郎

(注)太宰の小説を英語に翻訳したときのことである。登場人物は中年の男性、和服に「白足袋《たび》」を履いているという描写である。これを著名な日本文学の専門家のアメリカ人が、《white gloves》を着けている、と訳された、という話である。断るまでもないと思うが、これは、翻訳とはこのように行うべきもの、という好《よ》い方のジツレイとして、翻訳教室などで語り継がれているという。

このジツレイは、問題の①核心を衝《つ》いている。太宰のアヤツる日本語を使う共同体のなかで、中年の男性が白足袋を履いている、と言えば、即座にそれだけの意味と価値とが生まれる。恐らくそこでは、「やや過度に亘《わた》る潔癖感、強い自意識、スクエア*な美学」などが、暗黙の裡《うち》に諒解《りょうかい》されるだろう。共同体の一員であるということは、②それが判《わか》る、ということである。ところが翻訳者の生きる共同体である③アメリカやイギリスでは、それと同じ役割を果たす語彙は、決して日本語の「白足袋」を機械的に英語に置き換えた《white socks》ではあるまい。翻訳者は、そこで、英語を話す共同体のなかでそれと同じ役割を果たしていて、しかも極端に「白足袋」から離れることのない単語を、英語のなかに捜し当てた結果が、「白い手袋」ということになったのであろう。もちろん、そのような配慮と手続きとは、翻訳者として完璧と言うほかはない。これが「白いソックス」であったら滑稽というほかはない。「白いソックス」は、英語圏では、むしろ「若い、青臭い、学生風、カジュアル」など、およそ「白足袋」とはかけ離れた意味合いを示すものだからである。

したがって、このジツレイは、④「良質の翻訳」の例となるのである。しかし、問題はもう一つ先にあると言わなければならない。それは何か。この英語の翻訳を読んだ、英語を話す共同体のメンバーは、自分たちの解釈系によって、日本語の文化のなかで起こっている、そして太宰が描いている現象を理解することになる。しかしながら、では、日本の文化、そのなかでの日本的現象としての「白足袋」の意味や価値は、この「翻訳」で伝わるであろうか。(中略)「白い手袋」をつけているとされたその人物は、英語の共同体のなかでは何の不都合もなく受け容《い》れられ、理解されるだろうが、それによって、日本語の共同体の持つ習慣や価値観や意味の空間の歪みが、英語の共同体に「伝えられた」ことにはならない。自分たちの特別、特定の意味の空間の歪み

〔　月　日〕
時間 25分
得点
解答▼別冊6ページ

漢字(各2点)
a ジツレイ〔　〕
b アヤツる〔　〕
c 潔癖〔　〕
d ニンシキ〔　〕
e キミョウ〔　〕

語句
スクエア…堅苦しい。堅物な。
アポリア…解決できない難問。

とは異なった別の歪みがあることには気付かないし、したがって、自分たちが特別・特定の意味の空間のなかでニンシキ[d]を得、行動していることにも気付かないことになってしまう。言い換えると、完全な形と程度で行われた翻訳は⑤「翻訳」ではなくなってしまう、というキミョウ[e]なアポリア*がここにあるように思われる。

(注)太宰…太宰治。一九〇九(明治四二)年〜一九四八(昭和二三)年。青森県生まれ。本名、津島修治。作品として『斜陽』『人間失格』など。

□(1) 傍線部①の意味を書きなさい。(8点)

□(2) 傍線部②とあるが、どういうことが「判る」のか。本文の語句を使ってまとめなさい。(8点)

□(3) 傍線部③と言えるのは、なぜか。その理由を説明した文として適切なものを次から選びなさい。(8点)

ア 英語圏では、日本の「白足袋」は一般には手に入らないので、直訳的な「白いソックス」では理解されないから。

イ 日本語の「白足袋」とその直訳的な「白いソックス」は英語圏に於いては物理的に別の物を指すから。

ウ 何もかも全てを完全に直訳的に翻訳したのでは、翻訳とは言い難いから。

エ 日本語の「白足袋」から連想される事柄と、英語圏での「白いソックス」から連想される事柄は違うから。

□(4) 傍線部④とは、どのような翻訳のことか。本文の言葉を使ってわかりやすく説明しなさい。(8点)

□(5) 傍線部⑤とあるが、なぜか。「白足袋」「白い手袋」という語句を使って説明しなさい。(8点)

解答欄

(1)

(2)

(3)

(4)

(5)

評論　意味の構造 ―― 井筒俊彦

時間 35分　得点

解答・別冊7ページ

（　月　日）

例えば、weed という英語の単語について、ある辞書はこれを「必要のない所に生えた野生の草」つまり不用の雑草と規定する。ところが、①客観的実在の世界、すなわち自然界に「不用な」草などというものは存在しない。そのようなものは無限に複雑な自然物を見、それらを秩序づけ、様々な目的に従ってそれらを評価する人間の目から見るときにのみ存在し得る。weed という概念はかような秩序づけ、分類、類別、評価の過程の結果である。この意味において、それは人間の精神の独特な視点としての主体的な態度の具体的なあらわれなのである。

常識的な見解によれば、言葉と物との間には直接の関係があると、いとも単純、素朴に考えられている。すなわち、先ず最初に物があり、それらに別々の名前がレッテルとしてつけられるというふうに。この考えによると、例えば「テーブル」という語は現に我々の目の前にある具体的な物を直接さし示すことになる。しかし、上述の weed という語の例を見れば、そうではないことがわかる。すなわち、言葉と物との間には②現実の世界を主体的に再構成する独特のプロセスが介在している。人間の精神は現実の世界の構造を単に受身の立場から写すのみでなく、更に積極的に世界を独特の視点、角度から見る。そして、ドイツ人がガイスト*とよんでいる③この精神活動こそが、物をして我々に対して真に存在たらしめる。このように実在の世界と言語との間には、与えられた素材を一定の方向につくり上げていくある種の創造行為が存在している。これこそが真の意味の領域なのである。これを現代意味論の術語であらわすと、語はそれぞれ現実の世界の言語的類別化であるといえよう。ところで、類別化とは多くの異《こと》った物を統合する精神の働きを意味し、これは一定の原理に従ってのみ可能である。そしてこの原理は人が実在の世界に対してとる特別の視点であり、歴史的、文化的に規定されている。weed という語の例は非常にはっきりしているが、決して例外的な場合ではなく、我々が用いている語は本質的には多かれ少かれ、かような性質のものである。

B*・L・ウォーフは英語、フランス語、ドイツ語のような最も代表的な印欧語*とアメリカ・インディアンの言語のいくつかとを詳細かつ組織的に比較、研究した結果、これら二組の民族はこの世界を全く異ったふうに見、またそれを違った仕方で経験しているという驚くべき事実を明らかにした。つまり、彼らは相互に全然別の原則に従って実在の世界の事物を分類し、それを全く異ったカテゴリーに類別しているのである。この事は英語の table という語についてもいえる。今、我々の前に円形と四角形の二つのテーブルがあるとする。table という語はその両方にあてはまる。すなわち、我々は円いテーブル、四角のテーブルの両者とも table として分類する。テーブルは円形でも四角形でもテーブルなのである。これは我々の常識である。しかし多くの場合、見落とされているのであるが、この常識は我々の持っているテーブルの概念においては形は決定的な役割を果していないことに由来しているのである。我々のテーブルの概念のこのような特徴から、我々はそれぞれ異った二つのものを一つのものとして分類する。④現実の世界では目の前の円いテーブルと四角のテーブルとは二つの別のものであるが、我々の精神においてはそれらは本質的に同一なのである。

B・L・ウォーフは、世界の印欧系以外の地域には物を円、四角、三角、円錐、固体、液体のごとき基本的形状によって分類、類別する民族のあることを発見した。彼らにとっては物の形の規準は、その物がこの⑤範疇、あるいはあの範疇に属することを決定的に左右する。彼らの目には円いテーブルと四角のテーブルとは二つの全く別の物であり、従って二つの異った名前でよばれなければならない。彼らの観点からすれば、円いテーブルと四角のテーブルのような異った物が無差別に同一の分類に入れられてしまう西欧式の類別化にはある⑥恣意的な、そして現実の世界の構造と一致しない不合理な点がある。この簡単な例から、物とその名前との間には一対一の直接的な結びつきは存在しないということがはっきりとわかるであろう。すなわち物と名前との間には物を主体的に物として見る創造的行為としての独特な精神活動、特別な視点が常に介入する。先の table という語の場合、そこでとられる特別な視点は実際上の効用を目的とする見方であり、円とか四角とかいう形態の規準は無視され、円いテーブルも四角のテーブルも同一の目的のために作られたものであるということの故に、両者とも table と分類されてしまう。そしてここでは当然のこととして形態の相違は背後に⑦退いてしまう。ところが、他のある民族は世界をその効用、目的によってではなく、形の点で見るため、彼らにとっては物の形こそまさに決定的に重要なのである。このようなことが table というようなごく簡単な語についていえるとすれば、より複雑な語や、高度に抽象的な語の場合は一層あてはまるであろう。

ある言語から他の言語へ翻訳をしたことのある人は誰でも⑧ごく普通の語でさえ、それに全くぴったりした語または句で訳すことは非常に難しいことを感じ、しばしば我々はそれを断念し、ギリシア語のロゴス*をドイツ語に訳そうとおおわらわになっているファウスト*のように、「これは絶対訳せない」とさえ言う。このことをつきつめると、翻訳不可能な語というものは、その言語をもつ社会に固有な独特の精神態度の具体的なあらわれであるということになる。しかしこれは語の意味の基礎をなす特別の視点というものが極度にはっきりとあらわれた場合にすぎず、実はこのことはすべての言語のあらゆる語について多かれ少《すくな》かれいえるのである。このようなわけで、⑨table という語とロゴスという語との相違は一見した程大きくはないのである。

語はすべて、我々が世界を見る特別の視点をあらわしており、「概念」とよばれるものはかような主体的視点が明確な形をとったものに外ならない。ただここで視点が主体的であるというのは個人的という意味においてではない。それは個人的ではなく、社会的である。というのは、それは前の時代から伝統によって受け継がれた社会全体の共同の所有なのであるから。しかしながら、他方、それは我々の概念による⑩世界の表出を客観的世界の単なる写しではないものとするある積極的関心をもたらすという意味において主体的である。意味論はこのような視点が語というはっきりとした形をとったものを分析的に研究する。

（一部変更がある）

＊ガイスト…精神。　＊B・L・ウォーフ…アメリカの言語学者。

＊印欧語…もともとインドからヨーロッパにかけての広い地域で使われてきた諸言語の総称。

＊ロゴス…ことば、論理、理性。

＊ファウスト…ゲーテの劇詩『ファウスト』の主人公。

□(1) 傍線部①の理由を、筆者の論旨に従って説明したものとして適切なものを次から選びなさい。（5点）

ア　必要な科学技術を用いればたいていのものは人間に利用可能となるので、不用な植物という分類は現実にはなりたたないから。

イ　利用価値を評価する規準は主観的で、個人によって違うので、誰にとっても不用な草という価値観が万人に共有されることはありえないから。

ウ　不用かどうかという価値の規準は、現実の世界を特定の角度から見て、言語的に類別化する人間のいとなみ抜きではありえないから。

エ　植物を不用な草、有用な草と区別するのは、テーブルが円くても四角くても、効用の観点から同一の分類に入れる西洋式のやり方にそぐわないから。

□(2) 傍線部②と同じ意味のことを具体的に述べている箇所を三十字以上四十字以内で抜き出し、最初と最後の五字を書きなさい。（句読点を含む）（5点）

～

□(3) 傍線部③とは、どのようなことを意味しているか。適切なものを次から選びなさい。（5点）

ア　物は人間による分類と評価を経て初めて我々にとって真に存在としての意味を持つ。

イ　物はどのような視点で見るかにかかわりなく真に存在として精神にもたらされる。

ウ　言葉は物につけられた名前に過ぎず、言葉以前の現実世界の構造を積極的に見抜くことが精神活動である。

エ　言葉にかかわりなく、物を実在させる方法は一つしかない。

□(4) 傍線部④の理由をわかりやすくまとめなさい。（7点）

□(5) 傍線部⑤・⑥・⑦の漢字の読み方を平仮名で書きなさい。（各2点）

⑤

⑥

⑦

□(6) 傍線部⑧の理由を、本文の言葉を使って二十字以上三十字以内で説明しなさい。（句読点を含む）（7点）

□(7) 傍線部⑨の内容を説明したものとして適切なものを次から選びなさい。（5点）

ア 英語 table もギリシア語ロゴスも同じ印欧語族に属していて、アメリカン・インディアンの言語に翻訳するのは難しい。

イ table のような簡単な語もロゴスのような複雑な語も、現実世界の構造を客観的に写していることに変わりがない。

ウ 英語 table もギリシア語のロゴスも、あらかじめ存在している概念の反映であるという意味でそれほど変わりがない。

エ table のような具体的な語もロゴスのような抽象的な語も、それぞれの言語に独特の物の見方をあらわしている。

□(8) 傍線部⑩を筆者は本文で何と表現しているか。一語で抜き出しなさい。（5点）

□(9) 本文の内容の説明として適切なものを次から選びなさい。（5点）

ア 円いテーブルと四角いテーブルのような異なったものを無差別に同一の分類に入れてしまう西洋式の類別化は、具体性を忘れた物の見方である。

イ table のような翻訳の容易な語とは違い、翻訳不可能な語は、その言語を使用する社会に特有の視点をあらわしている。

ウ 概念とよばれるものは、人間精神が世界に働きかけるときの積極性の具現化であり、個人の主体性をはぐくむ。

エ 翻訳につきまとう難しさには、現実世界を素材にして一定の概念を作り出す人間の創造性があらわれている。

9 評論 現代日本の死に至る病 ―― 坂東眞砂子

時間 25分 得点 〔　月　日〕

解答▼別冊8ページ

日本もまたポリネシア(注)のように、家族の誰にでも、村の誰にでも、役割があった社会だった。これが、日本人誰もが社会に欠かせぬ一員であるという、強い共同体意識と通じている。日本人にとって、社会の構成員はすべて家族の一員である。

日本は、資本主義のもたらした「ビジネス」に対しても、共同体意識で臨んできた。[A]ビジネスとは、他者との間に成り立つべきものだ。それを共同体意識の内で行おうとしたところに無理がある。しかし、義理人情で繋《つな》がった取引、終身雇用制などによって、その無理を通してきた。[B]資本主義の[a]ドウニュウは、失業者をも生みだす。しかし失業者は、共同体意識の中では存在してはならない事象だ。日本人は[b]コウミョウに、この問題を避けてきた。失業者は社会の恥、家の恥、として、家族が匿《かくま》い、[c]フヨウしてきたのだ。

個人主義、競争意識の上に成立している欧米社会は、これとは基を異にする。失業は個人の問題。社会は失業者を「怠け者」とか「生活不能者」とかとみなす。そうみなされることによって、欧米の失業者は、個人として、社会の一端に位置することができる。しかし、日本の失業者は幽霊のような存在だ。いるけど、いてはならない。見えるけど、見えない存在だった。だが、経済不況に見舞われた現在、この幽霊が実体化してきた。失業者を匿ってきた両親もまた職を失う危機にさらされているのだから致し方ない。ここにきて、日本は、否応なしに失業者問題と対峙《たいじ》することになる。

①しかし日本人は、失業者に対して、おまえが悪い、とはいえない。[C]社会が悪いのだ、と考えてしまう。そしてこの社会のどこが悪いのだ、と自らを見つめ直した時、私たちの共同体意識が、ビジネスとは相容《あいい》れないことに気づかされるのだ。

現代日本は、社会とビジネスとの対立という根本的問題を突きつけられている。この対立は、日本にとって死に至る病である。日本社会の中にも、日本人の精神性の内にも、この問題に対する②処方箋はないからだ。そして失業者問題は、この病を日本という肉体に[d]キュウゲキに広がらせる原動力となるだろう。（中略）

家も食物も、金がないと手に入らない社会となってしまった日本においては、状況はさらに[e]カコクになるだ

漢字（各2点）

a ドウニュウ〔　　〕

b コウミョウ〔　　〕

c フヨウ〔　　〕

d キュウゲキ〔　　〕

e カコク〔　　〕

ろう。失業者の不満と怒りは、幾多の犯罪を生み出すことだろう。しかし、世界は資本主義の波にすっかり呑み尽くされている。この流れに逆行して、③古き良き共同体社会に戻ることはできない。④死に至る病を得た日本は、社会もビジネスもなし崩しになっていくだろう。その時、私たちはどうしたらいいのか。個人で考えなくてはならない時代に入ってしまっているのだ。

(注)ポリネシア…太平洋で、おおむねハワイ諸島・ニュージーランド・イースター島を結んだ三角形の中にある諸島の総称。
本文の筆者は、当時、諸島の一つタヒチ島で暮らしていた。

□(1) 空欄A〜Cに入る語句をそれぞれ次から選びなさい。(各4点)

ア むしろ　**イ** まったく　**ウ** かつて
エ そもそも　**オ** いったい　**カ** もちろん

□(2) 傍線部①とあるが、「おまえが悪い、とはいえない」のはなぜか。本文の言葉を使って説明しなさい。(8点)

□(3) 傍線部②のこの場合の意味を五字以内で書きなさい。(6点)

□(4) 傍線部③はどのような「社会」か。本文より抜き出しなさい。(6点)

□(5) 傍線部④を「得た」原因を筆者はどう考えているか。次のうち、適切なものには○を、適切でないものには×を記しなさい。(各2点)

㋐ 日本人は共同体意識を失って、失業問題を個人の次元の問題として把握するようになってしまったから。
㋑ 日本人の得意だったビジネスの手法の長所が発揮しにくい経済不況になったために失業問題が発生したと考えているから。
㋒ 日本人は失業問題を個人の次元で受けとめることもできないし、ほころび出した共同体意識を再生することもできないから。
㋓ 日本人は失業問題で浮かびあがってきた、これまで等閑にしてきたビジネスの本質を受けとめることができないから。

解答欄

(1) A　B　C

(2)

(3)

(4)

(5) ㋐　㋑　㋒　㋓

10 随筆

手づくりの豊かな文化 ―― 福井 貞子

〔　月　日〕

時間 25分　得点

解答▸別冊9ページ

昭和三十年頃《ごろ》に大姑《おおじゅうとめ》から絣*《かすり》の織り方を習い、絵絣の裂地を台紙に貼って楽しんでいた。あるとき「五十年間着古したハッピ（上着）をカカシに着せる」という老女に出会った。その上着はセイコウな小絣の背中が抜けて損傷の激しいものだった。聞けば、その上着は老女が女工時代に織り上げて嫁入りに持参した着物だという。老女は、セキヒンの暮らしぶりと機織り工場での過酷な労働の体験を語った。

その話を聞いて、私はハッと気づかされた。人が着て脂汗も汚れも付着し、その人の分身となった野良着のボロこそ、収集して記録しておく価値があるのではないか――そう思った私は、それからは農村を歩くときはカメラとノートをケイタイし、ボロの衣料も喜んで収集することにした。不思議なことに、よく着込んだ藍絣や野良着に対面すると心に安堵《あんど》感が湧き、満たされるように感じた。そして、織りの技法だけでなく、因習にみちた生活の中で過酷な労働に黙々と耐えてきた女たちの人生のシュクズを見るように感じられた。

昭和四十年頃から木綿衣料と新しい化繊製品との交換が始まり、木綿はヤボ*くさい流行遅れだと勘違いした主婦たちが、各家庭内の木綿類を処分するようになった。村々の㈠紺屋も転業し、経済の高度成長とともに「使い捨て」の時代が始まろうとしていた。そんなとき、私の木綿収集の話が口コミで広がり、老女たちから愛用の絣を次々とタクされるようになった。私は布の年代、呼称、用途などを細かく記録し、㈡聞き書きを通じて老女たちと心を通わせることができた。

多種多様な絣文様を織り上げてきた老女の手指は曲がり、「この絣を残していな」と両手を合わせるその気持ちは、同じ織り手として、私には痛いほど理解できた。糸から布にするまでの辛酸な労働と引き換えに、彼女たちは織りによって心を癒やされ、苦しい生活を耐え抜いてきた。㈢屑糸《くずいと》を集めて織るやたら(注1)縞《じま》や、黄金分割を学んだかのような見事な幾何学紋様など、その豊かな発想には驚かされた。彼女たちは日々心に念じた文様を織り出し、織りによって家族の生活を支えるとともに、手づくりの豊かな文化を伝えてきたのだ。

㈣このようにして四十年余にわたりボロを収集しているうちに、いつしかわが家は私設絣資料館となっていた。民俗学者の故宮本常一氏(注2)がわが家においで下さったとき「藍木綿を収納するには日本の蔵が一番適している。

漢字（各2点）

a セイコウ〔　　〕

b セキヒン〔　　〕

c ケイタイ〔　　〕

d シュクズ〔　　〕

e タクされる〔　　〕

語句

絣…かすったように同じ模様をたくさん置いた織物・染め物。

ヤボ…あかぬけていないこと。

茶箱に入れておくと三百年は保管できる」と言われた。この教えを守り、この四十年間に私の所に辿《たど》り着いた木綿絣や野良着が蔵の中に積み上げられている。（中略）

名もない女性たちが自らデザイナーとなって布に絵を描き、針と糸で文様を刺し縫いした絣は二十世紀日本の世界に誇るべき文化芸術であると思う。捨てる文化が横行する中でこの手づくりの伝統文化だけは残したい。

（注1）やたら縞…屑糸を集めて織る織物で糸の色はもちろん、太さもバラバラで「二度と同じ物ができない」の意で名付けられた。

（注2）宮本常一…一九〇七（明治四〇）年〜一九八一（昭和五六）年。山口県生まれ。日本を代表する民俗学者。著作に『忘れられた日本人』などがある。

(1) 傍線部㊀について、次の問いに答えなさい。（各6点）

□① 意味を簡潔に書きなさい。

□② 「紺屋」を使ったことわざを一つ挙げなさい。

□(2) 傍線部㊁とあるが、この老女たちはどのようなことをしてきたと筆者は言っているか。二点に分けて、それぞれ三十五字以内で説明しなさい。（句読点を含む）（各8点）

□(3) 傍線部㊂とあるが、この気持ちから筆者はこの後で彼女たちを何と呼んでいるか。本文から五字以内で抜き出しなさい。（6点）

□(4) 傍線部㊃とあるが、筆者がボロを収集し始めたのはどのような思いからだったのか。その思いを具体的に述べている一文の最初の四字を抜き出しなさい。（6点）

解答欄

(1) ①

②

(2)

(3)

(4)

11 評論 太宰治が支持されている理由 —— 安藤 宏

現代は、情報過多の時代であると言われている。その反面、個々の情報が客観を装えば装うほど、情報を送り出す送り手の身振り、①背後に見え隠れする手つきのようなものへのキキュウ[a]がかえって強まっているのではないだろうか。

たとえば新聞記事にあって「事実」を「正確」に書くことが理念とされることは言うまでもない、だが、それでは本当に客観的な記述が可能なのかといえば、むしろかぎりなく疑わしい。そもそも②「今後～となることが望まれる。」「～が期待される。」「～といえそうだ。」というのは一体誰の判断なのだろうか。一面記事にヒンシュツ[b]するこれらの文末表現は客観性と記者個人の判断とのギリギリのセッチュウ[c]の産物にほかならず、実は客観の衣を被ったこうした主観的判断ほど危ういものはないのである。「正確さ」「公平さ」もまた、誰が、何のためにそれに努めているか、という背景があって初めて意味を持つのであり、個人の判断があたかも一般的な妥当性を持っているかのような表情をして匿名化され、一人歩きを始めてしまう事態ほど危険なものはないからである。新聞の中でも記者個人のショメイ[d]記事がある種の親近感をもって受け止められるように、あるいはまたテレビのワイド番組にキャスターの強い個性が要求されるように、匿名の情報の洪水の中で、今ほど発信者の顔や「本音」が切実に求められる時代もないのである。

かつてテレビの健康飲料のCMで、「まずい！」と強調するのが大変好評を[A]したことがあった。③ことさらに商品の欠点を言ってみたり、経営者が自分の会社の窮状を強調してみせたりする戦術である。むろん、それ自体が作られた〝本音〟であるにはちがいないが、同時にそこからはある種の太宰的な身振りが漂ってくるようだ。少なくとも読者（視聴者）は建前の情報（商品の宣伝）の背後にある舞台裏の事情を知って安堵《あんど》を覚える。あたかも太宰が「君にだけ作者の秘密を教えよう」と、こっそりささやきかけてくるように……。実は活字になっている以上、こっそりも何もないはずなのだが、それが情報に関する「情報」、すなわち「メタ情報」*であるがゆえに、読み手は思わず[B]を傾けてしまう。送り手と受け手との間に④擬似的な「共犯関係」が成立し、共に物語成立に関わるコミュニケーションを実践しているのだというプライベートな連帯感が、内容とは別に

〔　月　日〕

時間 25分

得点

解答▶別冊9ページ

漢字（各2点）

a キキュウ〔　　〕

b ヒンシュツ〔　　〕

c セッチュウ〔　　〕

d ショメイ〔　　〕

e キワだった〔　　〕

語句

メタ…「高次の」「超」の意味の接頭語。

もう一つの「作者と読者の物語」を立ち上げることになるのである。個々の情報がどのような意図をもって送り出されているのかというこうした具体的な身振りや手つき――メタ・メッセージ――の示されるのが太宰の文体の[e]キワだった特色であり、それが現代的な「孤独」の状況の中で⑤今なお太宰治が支持されている原因の一つになっているのではないだろうか。

□(1) 傍線部①と同じ内容の語句を本文より漢字二字で抜き出しなさい。（4点）

□(2) 傍線部②の文末表現を筆者はどのように評価しているか。わかりやすくまとめなさい。（8点）

□(3) 空欄A・Bに入る語をそれぞれ漢字一字で答えなさい。（各2点）

□(4) 傍線部③が「戦術」となるのはなぜか。その理由を説明しなさい。（8点）

□(5) 傍線部④とは、どういうことか。わかりやすく説明しなさい。（8点）

□(6) 傍線部⑤とあるが、筆者はなぜ「太宰治が支持されている」と考えているか。わかりやすく説明しなさい。（8点）

解答欄

(1)

(2)

(3) A　B

(4)

(5)

(6)

12 評論 不可能性の時代 —— 大澤真幸

〔　月　日〕

時間 25分　得点

解答▶別冊10ページ

①リスク社会のリスクには、二つのケンチョな特徴がある。第一に、予想され、危惧されているリスクは、しばしば、きわめて大きく、破壊的な結果をもたらす。たとえば、温室効果ガス(二酸化炭素等)の増大に代表される、自然生態系の破壊は、リスクの典型だが、その結果は、場合によっては、人類の、あるいは地球の生物全体の絶滅でさえありうる。あるいは、テロもまた、リスク社会のリスクだが、それがもたらす死傷者数や精神的なダメージがいかに大きなものであるかを、われわれはすでによく知っている。

第二に、このようなリスクが生じうる確率は、一般に、非常に低いか、あるいは計算不能である。たとえば、地球の温暖化によってある島が完全にスイボツしてしまう確率を、きちんと算定することはほとんど不可能である。あるいは、東京やロンドンのような、先進国の大都市で無差別テロが起こりうることは分かっているが、その確率は、非常に低いと見積もらざるをえない。

つまり、リスクがもたらす損害は、計り知れないほどに大きいが、実際にそれが起こる確率は、きわめて小さい(と考えないわけにはいかない)。それゆえ、損害の予想(確率論でいうところの期待値)に関して、人は、互いに相殺しあうような分裂した感覚をもたざるをえない。

②リスク社会は、社会システムが、マクロなレベルでも、ミクロなレベルでも、人間の選択の所産であることが自覚されている段階に登場する。システムの再帰性の水準が上昇し、システムにとって与件と見なされるべき条件が極小化してきた段階の社会である。このとき、ときに皮肉な結果に立ち会うことになる。リスクの低減や除去をめざした決定や選択そのものが、リスクの原因となるのだ。たとえば、石油等の化石燃料のコカツはリスクだが、それに対処しようとして原子力発電を導入した場合には、それが新たなリスクの源泉となる。あるいは、テロへの対抗策として導入された、徹底したセキュリティの確保は、それ自体、新たなリスクでもある。このように、③リスクそれ自体が自己準拠的にもたらされるのである。

リスク社会は、古代ギリシア以来の倫理の基本を否定してしまう。どういうことか? アリストテレスが述べたことは、美徳は中庸の内にある、ということだった。だが、④リスク社会のリスクを回避するためには、中

漢字(各2点)

a ケンチョ〔　〕
b スイボツ〔　〕
c 相殺〔　〕
d コカツ〔　〕
e 中庸〔　〕

語句

リスク…危険発生の可能性。
マクロ…巨大なこと。巨視的。⇔ミクロ
再帰性…元に戻る性質。
与件…与えられたもの。
自己準拠的…自身の要素に依拠して問題となる事態が起こること。
中庸…偏りがないこと。

庸の選択は無意味である。中庸が最も価値が低く、選択は両極のいずれかでなくてはならない。たとえば、地球の温暖化を避けるべく、二酸化炭素の排出量を下げる――石油の使用を抑制する――べきかどうか、が問題だとしよう。近い将来――このまま石油を使用し続けた場合に――、地球がほんとうに温暖化するのかどうかは、誰にも分からない。このままでは地球が温暖化するのだとすれば、われわれは、二酸化炭素の排出量を大幅に下げなくてはならない。だが、逆に、温暖化はまったくの＊杞憂《きゆう》なのかもしれない。その場合には、われわれは今のまま、石油を使用し続けてもかまわない。確率論から導かれる選択肢は、両者の中間を採って、中途半端に石油の使用量を減らすことだが、それこそ最も愚かな選択肢である。もし温暖化するのだとすれば、その程度の制限では効果がないし、また温暖化しないのだとすれば、何のために石油の使用を我慢しているのか分からない。結果が分からなくても、結果に関して明白な確信をもつことができなくても、われわれは、両極のいずれかを選択しなくてはならないのである。

杞憂…余計な心配。取り越し苦労。

□ (1) 傍線部①の特徴について、三十字以内で説明しなさい。（10点）

□ (2) 傍線部②とあるが、なぜそのように言えるのか。理由として適切なものを次から選びなさい。（10点）

ア 人間の選択・決定権のないところに、リスクは存在しないから。
イ 人間の技術革新が、環境破壊というリスクを生み出したから。
ウ リスクを解決する可能性があることが、リスクとなり得るから。
エ リスクの確率を、正しく判断することが可能になったから。

□ (3) 傍線部③とはどういうことか。わかりやすく説明しなさい。（10点）

□ (4) 傍線部④とあるが、それはなぜか。わかりやすく説明しなさい。（10点）

解答欄

(1)

(2)

(3)

(4)

13 随筆 日本のデザイン ―― 原 研哉

世界が「力」によって統治され、「力」がせめぎ合って世界の流動性をつくっていた時代には、文化を象徴する人工物は力の表象として示された。力は人の世界に階層を生み出し、王やaコウテイを頂点とする力の階層は、紋様や絢爛*さの階層をも生み出し、そのような環境下では、簡素さは[A]としてしか意味を持ち得なかった。[1]

しかしながら、決定的な変化が近代という名のもとにもたらされる。近代社会の到来によって、価値の基準は、人が自由に生きることを基本に再編され、国は人々が生き生きと暮らすための仕組みを支えるサービスの一環になった。いわゆる近代市民社会の到来である。現実の歴史は、国をなす方法の多様さから様々な[B]をb経ることになるが、①目を細めて眺める歴史は、ある方向へとはっきりと流れをつくっている。[2]

その流れにcソクして、物は「力」の表象である必要がなくなった。椅子は王の権力や貴族の地位を表現する必要がなくなり、単に「座る」という機能を満たせばよくなった。科学の発達も合理主義的な考え方を助長する。合理主義とは物と機能との関係の最短距離を志向する考え方である。やがて②猫足の椅子の湾曲は不要になり、バロックやロココのdミワク的な曲線や装飾は過去のe遺物になった。資源と人間の営み、形態と機能の関係は率直に計り直され、資源や労力を最大限に効率よく運用しようとする姿勢に、新たな知性の輝きや、形の美が見出されてきた。これがシンプルである。[3]

百五十年前というのは歴史上のエポック*を指すものではない。十九世紀中葉の欧州は、産業革命を経て活気づいていた。その成果を一堂に展覧するために鉄とガラスの「水晶宮」が建造されたロンドン万博が注目を集めていた時代であり、オーストリアではトーネットが曲木の技術で簡素ながら機能的な椅子を大衆向けに量産しはじめた頃である。英国ではダーウィンが『種の起源』を書いて世を騒がせており、日本では黒船騒動で攘夷*が叫ばれていた。ここからシンプルが始まった、という句読点のようなエポックは特に見あたらない。しかし、③シンプルという価値観が人々に新たな理性の明かりを灯《とも》しはじめたのは、大きくはこのあたりではないかと僕は考えている。[4]

時間 25分　得点　（　月　日）
解答▸別冊11ページ

漢字（各2点）
a コウテイ（　　）
b 経る（　　）
c ソク（　　）
d ミワク（　　）
e 遺物（　　）

語句
絢爛…きらびやかで美しいさま。
エポック…新時代。
攘夷…外敵を打ち払い、入国させないこと。
モダニズム…近代主義。
プロセス…過程。
放蕩…思うままに振る舞い、品行がおさまらないこと。

複雑さを力の象徴としてきた長い時代が終わりを告げ、人間の暮らしの率直な探求から、家具が、家が、そして都市や道路が再構築されはじめた。*モダニズムとは、物が複雑からシンプルに脱皮する*プロセスそのものである。富や人々の欲望は往々にしてものごとの本質を覆い隠す。人々は時にシンプルの探求に倦《う》んで、*放蕩《ほうとう》へと傾きがちである。しかし④目を細めて骨格を見通すなら、世界はシンプルという中軸をたずさえて、この瞬間も動き続けているのである。

□ (1) 次の文は、本文中[1]〜[4]のどこに入るか。番号を書きなさい。(6点)

すなわち、人間が等しく幸福に生きる権利を基礎とする社会へと世界は舵を切ったのである。

□ (2) 空欄Aに入る語句を次から選びなさい。(6点)

ア 新しい文化　**イ** 前時代の遺物
ウ 自然の美　**エ** 力の弱さ

□ (3) 空欄Bに入る語句を次から選びなさい。(6点)

ア 紆余曲折　**イ** 千変万化　**ウ** 栄枯盛衰　**エ** 群雄割拠

□ (4) 傍線部②とあるが、これはどのような目的で施されたものか。わかりやすく説明しなさい。(8点)

□ (5) 傍線部③とあるが、なぜ「シンプルという価値観」への変化が見られるようになったのか。具体的に説明しなさい。(8点)

□ (6) 傍線部①・④とは、ここでは具体的にどのようにすることか。適切なものを次から選びなさい。(6点)

ア 先入観を捨て去り、新鮮な目で見直そうとすること。
イ 具体的なことにとらわれず、本質を捉えようとすること。
ウ 詳細な部分を見極め、正しい判断をしようとすること。
エ 批判的な立場から、問題点を見出そうとすること。

解答欄

(1)	(2)	(3)	(4)	(5)	(6)

14 小説　忘却の河 ―― 福永武彦

妻が死ぬ数日前の或《あ》る寒い晩に、私は妻と二人きりでいて次のような話を交した。妻が私にこう訊《き》いたのだった。ねえあなた、ふるさとってどういうものなんでしょうかねえ。(中略)

あなたはどうですの、あなたのふるさとはどこ、と妻は訊いた。

ふるさとなんてものはないんだ、私たちにはみんなそんなものはないんだ、と私ははぐらかすように答えた。

①妻の質問は私の最も痛い部分に触れていたが、妻は意識して私にそれを訊きただそうとしたのだろうか。妻の眼が私の上にaショウテンを合せたようだった。ガスストーブの上で薬罐《やかん》が滾《たぎ》っていた。むかし囲炉裏《いろり》を囲んだ子供たちが目を注いでいる中で、鍋の木蓋《きぶた》が時々持ち上っては、しゅうしゅうとうまそうな匂いのする湯気を吹き上げていた。彼はその子供たちの一人だった。しかしその子供というのは誰だったのか。それはいつ、何《ど》処《こ》のことだったのか。

あなたは一度も子供の頃の話をなさいませんでしたわね、と妻は言った。こうして夫婦になって長い間bイッショに暮らしていながら、どうしてなんだろうとわたしはいつも思っていました。誰にだって、決して人には言いたくないことがあるものですがね。そうだったかね、と私は言った。

あなたがこの家のおじいさんやおばあさんの子でないことは、わたしはうすうす知っていました。おじいさんもおばあさんも、亡くなられるまで、決してその話はなさらなかった。でもあなたは小さい時にどこかからこの家に貰《もら》われて来て、お二人の実子として育てられたのでしょう。そんなことちっともcカクすことはなかったのに。お前が気がついていたとは知らなかったよ、と私は答えた。しかし人には言わないという約束だったのだ。親父やおふくろに固くそう約束させられていたし、それに自分はこの藤代《ふじしろ》家のdアトトりだと自分に言い聞かせているうちに、すっかりそれに馴染《なじ》んで、昔のことはみんな忘れてしまった。お前には②水くさいと思われたかもしれないが、私がどこの誰から生れたとしても、私の親はこの家の両親しかなかったんだよ。

でもあなただって、時々はふるさとのことを考えるでしょう、と妻は訊いた。私はそして考えた。③それがふるさとと言えるだろうか。もう記憶もeウスれ、④両親の顔も同胞の顔も思い出すことが出来ない。雪の深い東北

〔　月　日〕

時間 25分　得点

解答▶別冊12ページ

漢字（各2点）

a ショウテン〔　　〕

b イッショ〔　　〕

c カクす〔　　〕

d アトトり〔　　〕

e ウスれ〔　　〕

の山国の河べりにある貧しい土地だったが、その後の五十年あまりの空白は私にその場所をさえもう忘れさせてしまっている。わたしはそのふるさとを懐しいと思うことさえもないのだ。

わたしは自分のふるさとが海にあるような気がします、と妻は自分に語り掛けるように呟《つぶや》いていた。どうしてだか分らないけれど、ふるさとというと、何だか遠い海を思い浮《うか》べて。青くて、深くて、涯《はて》がなくて。

⑤私たちは新婚旅行には伊豆に行ったっけね、と私は言った。あそこの海は明るかったなあ、蜜柑山《みかんやま》では蜜柑が色づき始めていた。あなたはやさしかったわ、と妻は言った。

□(1) 傍線部①の「痛い部分」とは、具体的にどのようなことか。わかりやすくまとめなさい。(10点)

(2) 傍線部②・④の意味をそれぞれ後から選びなさい。(各6点)

□② 「水くさい」

ア 態度が何となく怪しく、疑わしい感じだ。
イ どうするつもりなのかと、気がもめる感じだ。
ウ 関係の深い人なのに、打ち解けず親しみがない。
エ 性格が淡泊で、細かいことにこだわらない様子だ。
オ 信念があまりに強固で、他人の付け入る余地がない。

□④ 「同胞」

ア 血を分けた兄弟姉妹。　イ 双子の一方。　ウ 自分の分身。
エ 幼なじみの友人。　オ 親の決めた結婚相手。

□(3) 傍線部③とあるが、主人公の脳裏に断片的に浮かんできた「ふるさと」の記憶を、これより前の部分から九十字以内で抜き出し、最初と最後の五字を書きなさい。(句読点を含む)(8点)

□(4) 傍線部⑤とあるが、「私」が「妻」に新婚旅行の思い出を語ったのはなぜだと考えられるか。わかりやすく説明しなさい。(10点)

解答欄

(1)

(2) ②　④

(3) 〜

(4)

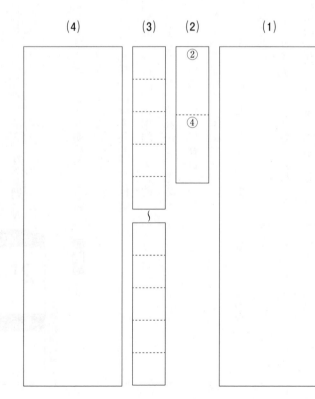

15 評論

聞くことを忘れた現代社会 ―― 橋元良明

時間 25分　得点　〔　月　日〕

解答▸別冊13ページ

ショミンのことはさておき、一部の文化的エリート層に話を限定して、オング(注)は、ギリシア文明において書字文化が成立し印刷術の発明によってそれがヒヤク的に発展した西欧社会を「文字の文化」と呼び、「声の文化」との対立を強調した。声の文化に基づく思考と表現の特徴が、「累加的、統合的、①冗長、伝統主義的、具体的、闘技的、参加的(感情移入的)、呪術的」であるのに対し、文字の文化は「因果的、分析的、効率的、実存的、孤立的(個人主義的)、抽象的、非参加的」であり、それが西欧的思考法のキソを形作った。それが今、電話、ラジオ、テレビ、録音テープといったエレクトロニクス技術の進展により、「第二次声の文化」に移行しつつあると彼は言う。第二次声の文化は第一次声の文化と驚くほど似ており、「人々が参加して一体化するという神秘性をもち、共有的な感覚をはぐくみ、現在の瞬間を重んじ」、強い集団意識を生み出した。しかも、かつての声の文化より意識的であり、また集団規模は地球規模にまで拡大しつつあるという。

とりあえずここでは、オングのいうように「声の文化」と「文字の文化」とに思考法的相違があるとしよう。その場合、おそらくラジオの発展、電話、テレビの普及初期までは「第二次声の文化」と呼ぶにふさわしい文化的側面がたしかに垣間見えた。ラジオから流れる為政者の演説、ネッキョウするアナウンサーのスポーツ中継に人々は文字どおり群をなして聴き入った。そこには疑いなく「闘技的・参加的」雰囲気があり、人々が全身を耳にして音の世界に没入したことが容易に想像される。しかし、②テレビの普及の完了とビデオの登場は、再び声の文化から人々を遠ざけた。

テレビは視覚・聴覚に訴えるガンソマルチメディアであり、その情報処理に動員される感覚器官の状態からすれば対面状況にかなり近い。しかし、対面との決定的な違いは、相互行為性の欠如と非対称性であり、また聴覚情報に対する視覚情報の優位性である。前者についてはあらためて詳述するまでもないが、相互のやりとりによってディスコース*を共同製作するということ以外に、対面では常に相手の視線に監視されることによって、よき聞き手であることを義務づけられており、たとえば頷《うなず》きはその確認手段の一つだということに注意せねばならない。逆にいえば、③そのモニタリングが欠如しているからこそ、テレビ視聴は安易な時間つぶしとな

漢字（各2点）

a ショミン〔　　〕

b ヒヤク〔　　〕

c キソ〔　　〕

d ネッキョウ〔　　〕

e ガンソ〔　　〕

語句

ディスコース…会話。言葉によって思いを伝えること。

りうる。④テレビ視聴における視覚情報の優位性については、認知心理学やマス・コミュニケーション研究の領域でいくつかの知見がある。人間が一時に処理しうる情報量には限りがあり、とくにメディアからの情報が多彩である場合には映像情報の処理が優先される傾向にある。この傾向は乳児の時点でも既に確認されており、乳幼児期におけるメディア体験はその人のその後の認知態度に影響を及ぼす可能性が大きい。いわゆる映像型人間の登場である。わけてもテレビから流される情報密度は、（その人の生活的価値という側面では）けっして濃いとはいえない。音声を伴ってはいても、⑤テレビを中心として形作られる文化は、声の文化とかなり様相を異にするはずであり、少なくとも「聞く」姿勢には決定的な差異がある。

（注）オング…一九一二年〜二〇〇三年。アメリカの古典学者、英語学者。

□ (1) 傍線部①の意味を書きなさい。（4点）

□ (2) 傍線部②とあるが、なぜ人々は声の文化から遠ざかったのか。その説明として合致するものには○を、合致しないものには×を記しなさい。（各3点）

- ㋐ 特定の時間を人々と共有しているという意識が薄れたから。
- ㋑ 集団で時間を共有して一台のテレビを見なくなったから。
- ㋒ テレビから得られる情報が多彩になりすぎたから。
- ㋓ 音声や映像の編集によって情報量が少なくなったから。

□ (3) 傍線部③が指す内容を本文より十五字で抜き出し、最初と最後の三字を書きなさい。（6点）

□ (4) 傍線部④とは、どういうことか。わかりやすく説明しなさい。（8点）

□ (5) 傍線部⑤とあるが、どのような点が異なっているのか。わかりやすく説明しなさい。（10点）

解答欄

(1)

(2) ㋐ ㋑ ㋒ ㋓

(3) 〜

(4)

(5)

16 評論 疑似科学入門 ―― 池内了

現代科学は、地震を予知できず、台風や豪雨を止められず、環境問題を引き起こした。科学は頼りにならないどころか、人類にわざわいさえ招いているではないか、科学はもうたくさん、と考える人が増えてきた。多くの人々が現代科学の粋をaマンキツし、科学のおかげで安楽な生活を送っているにもかかわらず、①反科学の気分が強くなっているのである。科学がもたらした光の部分は当然としながら、影の部分には強く反撥《はんぱつ》するという一種のbトウサクした気分にcオチイっているのは確かだろう。さらに、現代の科学で理解が可能な部分と不可能な部分があるのだが、それを区別せず、ひとしなみに否定する傾向もある。

実際、②科学がもたらした影の部分は大きい。核兵器のような大量殺戮《さつりく》兵器は言うに及ばず、生活を便利で効率的にするはずの道具が人を殺す道具に転化し、薬害や化学物質汚染など科学にdキインする事故が頻発しており、その被害規模も大きくなっている。さらに、放射性廃棄物のようなさまざまな負のeイサンを子孫たちに残そうとしている。このまま科学をどんどん発達させれば、とんでもないことが起こるかもしれないと不安になっているのである。科学を否定するポーズをとる方がカッコ良く見えるという社会の雰囲気があるのは事実だろう。

これに対し、科学者は責任を感じているようには見えない。それどころか、いかにも全てを知っているかのように振る舞い、私たち一般人を見下しているように感じてしまう。良いところだけ宣伝してお墨付きを与えながら、何か都合が悪いところが出てくるとたんに黙ってしまう。御用学者になって政府の思いのままに操られていても責任を自覚していない。科学者なんて信用できない、というわけである。

実は、科学の成果は社会の選択を経て世の中に出ているのだから、それが何らかの災厄*を引き起こしたとき、③科学者以外の人々にも責任の一半があることが忘れられている。誰かを犯人に仕立て上げてしまうと、自分の関与についていっさい感じなくなっているのは現代人の特徴かもしれない。自分を安全な立場において一方的に科学批判だけをする態度は、社会と科学の関係を危ういものにする懸念があるのではないだろうか。

科学や科学者への批判や反撥は真摯に受け止める必要がある。それが人々を疑似科学に走らせるきっかけと

〔　月　日〕

時間 25分　得点

解答▸別冊13ページ

漢字（各2点）

a マンキツ〔　　〕

b トウサク〔　　〕

c オチイって〔　　〕

d キイン〔　　〕

e イサン〔　　〕

語句

災厄…不幸な出来事。わざわい。

なっていることは否めないからだ。むろん、すべての批判が正しいわけでなく、反批判を加えなければならないこともある。そのような場合、対処の仕方を工夫することだ。また、科学者は専門を外れると一般人と何ら変わらないのだから、市民と一緒に対応しなければならない問題も多い。科学者も一般市民と同じ目線で生きるべきなのだ。④科学主義への失望を放置しておくと重大な過誤を招きかねない。口当たりのよい□が科学の代用になってしまう恐れがあるからだ。

□ (1) 傍線部①とあるが、その理由をわかりやすく説明しなさい。（8点）

□ (2) 傍線部②とあるが、筆者が考える「影の部分」に合致するものには○を、合致しないものには×を記しなさい。（各3点）

ⓐ 抗生物質の乱用で抗生物質の効かない耐性菌が生まれた。
ⓘ 薄型テレビのシェアは、今では完全に韓国製に奪われている。
ⓤ ワクチンを打つことで、インフルエンザの予防ができる。
ⓔ 工業排水によって、河川の汚染が進行した。

□ (3) 傍線部③とあるが、その理由として適切なものを次から選びなさい。（8点）

ア 現代科学の成果は、社会の選択を経て世の中に出ているから。
イ 現代科学の成果は、我々と同じ人間がもたらしたものだから。
ウ 現代人は、一方的に科学批判をするだけだから。
エ 現代人は、科学についての知識が不足していたから。

□ (4) 傍線部④とあるが、それを回避するには科学者はどういうことをすべきだと筆者は考えているか。二つ説明しなさい。（各5点）

□ (5) 空欄に入る語句を本文より五字以内で抜き出しなさい。（2点）

解答欄

(1)

(2) あ　い　う　え

(3)

(4)

(5)

第1章　第2章　第3章

章末問題

評論　「キャラ」で成り立つ寂しい関係　鷲田清一

時間 35分　得点

解答▼別冊14ページ

（　月　日）

㈠「居場所を探す」というのは、どこか痛ましい表現である。ひとはそこでじぶんの存在を「ただある」というだけでは認めることができず、全体の配置のなかで他人に認めてもらえるようななにか意味のある場所を探さざるをえないからだ。それを手に入れなければ、ムシられて、（＝存在が無視されて）しまうからだ。こういうゲームが、スタジオだけでなく、会社でも学校でも、そしてときに家庭においても残酷にくりかえされている。その意味で「居場所」というのは自立の場所ではない。かつて「いじめ」が問題化したときに、学校という場所に浸透している「同調圧力」が病根として指摘されたことがあったが、そういう場の強［A］、裏返せば場への依存を、一見強そうにみえる＊「恋の空騒ぎ」や＊「しゃべり場」の主人公もまた、見るからに明敏であるからこそより深く引きずっているとは言えないだろうか。他との差異を過剰に意識し、＊キャラのすきまをうかがう。意識することなくキャラが際立っている「天然ボケ」にはしかし、だれもかなわない。が、その「天然」も、そこにわずかでも演技性が見えてしまうと退場を命じられる。じっさい、そういうかたちで姿を見なくなったタレントは数えきれない。

　これは各人にとって、文字どおり生き死にの問題である。死ぬまでわたしたちにつきまとう問題である。「かわいいお年寄り」をやむをえず演ずる高齢者の人たち、介護施設でスタッフのお手伝い（たとえば洗濯済みのタオルをたたむ作業）をすることでかろうじて「［B］」という問いを免れる要介護者の人たち。これは人がそのままで、つまりその人がそこにいるというただそれだけの理由で、存在を認められるということとはちがう。わたしにはそれがとても寂しい光景にみえる。ここにほんとうに必要なのは、人びとがいちばん心を砕いている「キャラ」のバランスを必要とさせなくするようなコミュニケーションなのではないのか。

　日本人はよく、たがいに気心知れている人とのコミュニケーションには繊細で長《た》けているが、気心知れない人とのコミュニケーションは苦手だと言われる。「しゃべり場」というのはほんとうは気心知れない人とのコミュニケーションの典型のようなものであるはずなのに、そこでもキャラの配置からじぶんの場所を意識するという、コミュニケーションの場の閉鎖が起こっている。

　ディスコミュニケーション＊という言葉がある。文字どおり、コミュニケーションの断絶、つまり伝達不能という意味である。ファクシミリ、携帯電話、インターネット、iモード……㈡とコミュニケーションの媒体が進化すればするほど、じつはコミュニケーションではなくディスコミュニケーションがこの社会を象徴する現象になってきている。そのひとつに、コミュニケーション圏の縮小という現象がある。コミュニケーションの媒体が進化することで逆に世界が縮小してゆくという、なんとも皮肉な現象である。

　たとえば新幹線から降りたとたん、多くの乗客が携帯電話を耳に当て、受信をチェックする、あるいは通話する。人とぶつかっても、話し中だから「失敬」や「ごめんなさい」のひとつも出ない。ふと思い出すのがテレビのニュースキャスターの顔。画面のなかから（三）こちらに向かって話しかけるあの顔はほんとうは像であって顔ではない。そこには対面する顔がつくりだす磁場というものがない。射るまなざし、撥《は》ねつけるまなざし、吸い寄せるまなざし、貼りつくまなざし……。そうしたまなざしの交換はそこには存在しない。人びとの顔はそういう磁力をもたずに、ただ像としてたがいにたまたま横にあるだけだ。頭部に顔のかわりに受像器をつけた人間がうろついている、かつての未来映画で見たような都市の光景が、ふと浮かぶ。

他人となにかを共有する場のなかではとても親切で濃《こま》やかな気配りや気遣いをするのに、その場の外にいる人はその存在すら意識しない……。たとえば車中で携帯電話をする人に同乗者がしばしば強いいらだちを覚えるのは、うるさいというより、プライヴェイトな会話をむりやり聞かされるというより、じぶんがその人に他者としてすら認められていないという侮辱を感じてしまうからだろう。また、あるCDが六百万枚売れていても他方にその曲も歌手の名も知らない人がそれ以上にいるという事実も、ひとつのコミュニケーション圏と別のコミュニケーション圏がまったく無関係に存在しているという、そういうディスコミュニケーションを表している。

いまわたしたちの社会で必要なのは、たがいに接触もなくばらばらに（四）存在する異なるコミュニケーション圏のあいだのコミュニケーションというものではないだろうか。同じ病院にいても医師と患者とでは文化がちがう。同じまちづくりに関わっていても行政職と住民とでは言葉がちがう。同じ遺伝子作物を問題にしても専門科学者と消費者とでは思いがちがう。そのほかにも障害者と健常者、外国人と自国民、教師と生徒、大人と子どもといったさまざまの異文化を接触させ、交差させるようなコミュニケーションのしくみこそが、断片的な言葉だけでじゅうぶんに意が通じあうような閉じられたコミュニケーションのしくみとは別に、構築される必要があるとおもう。

それぞれの事柄には、事柄に応じたコミュニケーションの形式というものがある。地方自治体での政策決定や原子力発電の是[C]、＊病院でのインフォームド・コンセントや家裁での調[D]、ケア・プランの作成やゴミ処理をめぐる住民の話しあい……。それぞれの事柄にふさわしい多様なコミュニケーションの方式があるはずだ。公立高校で「哲学」の授業を試みているわたしたちは、同時に地域のコミュニティ・センターなどで「哲学カフェ」も開いている。「自己決定とは何か」「他人を理解するというのはどういうことか」といったテーマで異なる世代がディスカッションをする場を設定するのだが、そのときは、年齢や職業、地域といった人としての帰[E]をぜんぶ括弧に入れて、（五）へんな話だが、たがいに気心が知れないよう工夫している。大はコンセンサス会議から小は哲学カフェまで、みなが「キャラ」によってではなくひとりの「人」として言葉を交換できるような場が、もっともっと構想されていい。

（一部変更がある）

＊恋の空騒ぎ…明石家さんま主宰の視聴者参加番組。

＊しゃべり場…ＮＨＫ教育テレビ視聴者参加番組。
＊キャラ…(character)性格、特性、役割。
＊インフォームド・コンセント…医師の説明と患者の承諾。

□(1) 傍線部㈠で「どこか痛ましい表現である」と言えるのはなぜか。適切なものを次から選びなさい。（5点）

ア どんな居場所も、空きさえあれば誰かが入ってしまい、どの居場所も常に満員状態だから。
イ 誰でも今いる場が自分の居場所なのに、それに気づかず他の人が集まっている場を無意味に求めるから。
ウ 誰にでも居場所は自分で作らなければならないのに、それに気づかない人は、いつまでたっても居場所が見つからないから。
エ どの居場所であっても、自分がその場で意味を持つ人間だと訴え、居ることを許されなければならないから。
オ 場所にはそれぞれ特徴があり、一つ居場所を選べば、その場の特徴を無意識のうちに身につけ、本来の自分を見失うから。

□(2) 空欄Ａ・Ｃ・Ｄ・Ｅに入る語をそれぞれ漢字一字で書きなさい。（各2点）

Ａ　Ｃ　Ｄ　Ｅ

□(3) 空欄Ｂに入る問いを次から選びなさい。（5点）

ア 夕食のおかずはなんだろうか
イ わたしのことを嫌っている人はいないだろうか
ウ 自分はここに居ていいのだろうか
エ タオルのたたみ方を注意されないだろうか
オ 誰か助けてくれないだろうか

□(4) 傍線部㈡とは、どういうことか。それを説明した文として適切なものを次から選びなさい。（5点）

ア コミュニケーションの媒体が進化しても、コミュニケーションはキャラいかんによってうまくいったりいかなかったりすることに変わりはない。
イ コミュニケーションの媒体の進化は、社会の複雑化がもたらしたものであるが、社会の複雑化の方がコミュニケーションの媒体の進化よりも大きいのが常だ。
ウ コミュニケーションの媒体が進化すればするほど、他のコミュニケーションの媒体と枝分かれ的に離れてゆくので、コミュニケーションの媒体ごとの関係が薄くなる。
エ コミュニケーションの媒体は進化すればするほど複雑になり、それに習熟した人にとっては便利であるが、習熟ができない人はかえってコミュニケーションをとりにくくなる。
オ コミュニケーションの媒体の進化は、いつどこにいても、自分と関係のある人とのコミュニケーションを可能にしたので、知らない人とのコミュニケーションをとらなくなった。

□(5) 傍線部㊂と言えるのはなぜか。適切なものを次から選びなさい。（5点）

ア ニュースキャスターが登場する場面では、テレビ画面が大きく動かず、静止画像的であるから。

イ ニュースキャスターが視聴者にまなざしを向ける時、ニュースはより分かりやすく伝えられるから。

ウ ニュースキャスターは、画面に出る前にメイクをして、その人の本来の顔を隠してしまっているから。

エ ニュースキャスターは、ニュースの重大性よりも視聴者にどのように受け入れられるかを気にしすぎるから。

オ ニュースキャスターは、ニュースを一方的に伝えるだけで、視聴者の反応を受けとめることができないから。

□(6) 傍線部㊃とはどのようなものか。本文の語句を用いて三十字以上四十字以内で答えなさい。（句読点を含む）（8点）

□(7) 傍線部㊄について、次の問いに答えなさい。（各7点）

① なぜ「へんな話」なのか。わかりやすく説明しなさい。

② なぜこのような「工夫」をするのか。その理由を説明しなさい。

17 評論 日本の近代化 —— 加藤周一

時間 25分 得点

解答▸別冊15ページ

〔 月 日〕

一八六〇年に幕府最初の外交使節団は、正使三人に随員を加え、本使は米国船により、一部は咸臨《かんりん》丸で、太平洋を横断した。咸臨丸の随員のなかに福沢諭吉のいたことは、よく知られている。米国船の一行のなかには、仙台藩を脱藩して幕府の外国ブギョウに仕えていた玉虫左大夫(一八二三—一八六九)なる者がいて、その見聞を『航米日録』八巻にまとめた。

幕府が正使または高級随員として選んだ役人の多くは、当面の任務を超えて、その米国滞在中に周囲の社会と文化を理解しようとする熱意も能力ももち合わせていなかったらしい。福沢は下級の随行員にすぎず、玉虫はキュウジや皿洗いまでした従者の一人であった。西洋の社会を観察し、ブンセキし、セイミツに記録したのは、彼らである。しかし福沢と玉虫のその後の運命は異なる。福沢は維新後の社会の偉大な教師になった。玉虫は仙台藩に復帰し、維新の動乱のなかで、榎本武揚(注)の艦隊に加わろうとして果たさず、反対派に捕えられて切腹した。

『航米日録』の観察は、同行の日本人に対しても甚だ鋭い。船中「官吏タリトモ終日タダ飲食ヲ務」とし、「彼(米国人)ヲ貴重シ、少シモソノ意ニ逆ハズ、タトヒ我国ノ醜恥ニ及ブトモ、安穏ニ帰帆セバ本望ナリト思ヒ」、ワシントンに到着すれば、土産物を買い漁る以外に外出もせず、米国人側にすすめられても、学校・貧院・幼院などの施設を訪ねようとさえしない。彼らのなかには「政度・形勢ヲ探究スルニ志アルモノナシ」と玉虫は書いた。

しかし彼の米国社会に対する観察は、それ以上に鋭い。彼は、早くも航海中に、米国人船員相互の平等主義とその能率との関係を見抜いていた。

「船将・士官・水夫」は「上下相混ジ」、「夷礼ノ粗ナルコト」互いに同輩を見るが如くだが、「ソノ情交ニ至リテハ極メテ親密」、病死した水夫の葬式に船将も列席して涙を流す。嵐に会えば指揮官以下一致団結して事に当たる。「ソノ規格ハ如何ニモ厳ナレドモ、情交日ニ薄ク」、賤官《せんかん》の死するものがあれば、「犬馬ヲモッテ待チ」「ソノ席ニ列シテ弔《とむら》フ」こともしない日本の侍風俗とは、大いにちがう。「ソノ国盛ナルモマタ故アルカナ」。

漢字 (各2点)

a ブギョウ 〔　　〕
b キュウジ 〔　　〕
c ブンセキ 〔　　〕
d セイミツ 〔　　〕
e カイカク 〔　　〕

このような観察から、富国強兵が軍事技術の問題であるばかりでなく、より基本的には徳川体制の構造そのもののｅカイカクを前提とするという見解までは、おそらく遠くないだろう。すなわち福沢が後に説く西洋を「モデル」とした社会制度カイカクへの道が、玉虫においても、このときすでに予感されていた、というのに近い。福沢・玉虫型の書生の海外旅行には、初めからこのような鋭さがあり得たのだ。　（一部変更がある）

（注）榎本武揚…長崎の海軍伝習所で学び、オランダに留学。帰国したのち海軍副総裁となる。維新の内乱では、函館五稜郭にたてこもって官軍に抵抗した。

□(1) 傍線部㊀「外交使節団」の人々は、何をすべきであったと筆者は考えているか。本文より十字以内で抜き出しなさい。（句読点を含む）(6点)

□(2) 傍線部㊁の著作でないものを次から一つ選びなさい。(4点)

ア 学問のすゝめ　イ 米欧回覧実記　ウ 西洋事情
エ 文明論之概略　オ 福翁自伝

(3) 傍線部㊂・㊃・㊄の意味として適切なものをそれぞれ次から選びなさい。(各6点)

□㊂ ア 穏やかに航海できれば　イ のんきに生きていければ
ウ 帆を静かに反転させれば　エ 何事もなく帰国できれば

□㊃ ア 日々の交際はでたらめだ。　イ 田舎の礼儀は素朴である。
ウ 外国の作法は大ざっぱだ。　エ 地方出身者の行儀は粗雑だ。

□㊄ ア 病死した水夫への同情心。　イ 上官と部下との心の交流。
ウ 船将や士官との情報交換。　エ 随員間の厳しい上下関係。

(4) 傍線部㊅について、次の問いに答えなさい。(各6点)

□① 現代語に直しなさい。

□② 「故」を筆者はどのような点に発見したか。本文より十五字以内で抜き出しなさい。

解答欄

(1)

(2)

(3) ㊂ ㊃ ㊄

(4) ① ②

第1章 第2章 第3章

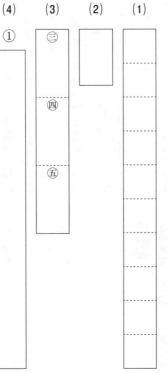

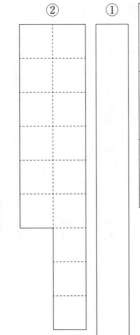

18 評論 二十一世紀の資本主義論 ―― 岩井克人

時間 25分 得点

〔 月 日〕

解答・別冊16ページ

基軸通貨[*]であることには[①]大きな利益が伴います。例えば日本の円が海外に持ち出されたとしても、それはいつかまた日本製品の購入のために戻ってきます。非基軸通貨国は自国の生産に見合った額の貨幣しか流通させることができないのです。

[A] アメリカ政府の発行するドル札やアメリカの銀行の創造するドル預金の一部は、日本からイタリア、イタリアからドイツ、ドイツから台湾へ、と[a]カイユウしつづけ、アメリカには戻ってきません。アメリカは自国の生産に見合う以上のドルを流通させることができるのです。もちろん、アメリカはその分だけ他国の製品を余分に[b]購買できますから、これは本当の丸もうけです。この丸もうけのことを、経済学ではシニョレッジ（君主特権）と呼んでいます。

特権は乱用と背中合わせです。基軸通貨国は[②]大いなる誘惑にさらされているのです。基軸通貨を[c]過剰に発行する誘惑です。何しろドルを発行すればするほどもうかるのですから、これほど大きな誘惑はありません。だが、この誘惑に負けると大変です。それが引き起こす世界全体のインフレ[*]は基軸通貨の価値に対する信用を[d]シッツイさせ、その行き着く先は世界貿易の混乱による大恐慌[*]です。

[B] 次のことが言えます。基軸通貨国は普通の資本主義国として振る舞ってはならない、と。基軸通貨国が基軸通貨国であるかぎり、その行動には全世界的な責任が課されるのです。たとえ自国の貨幣であろうとも、基軸通貨は世界全体の利益を[e]コウリョして発行されねばならないのです。

[③]皮肉なことに、冷戦時代のアメリカは資本主義陣営の盟主[*]として、ある種の自己規律をもって行動していました。だが、冷戦末期から、かつての盟友であった欧州や東アジアとの競争が激化し始めると、アメリカは内向きの姿勢を強めるようになりました。

近年には自国の貿易赤字改善の方策として、ドル価値の意図的な引き下げを試み始めています。とくに純債[*]務国に転落した一九八六年以降、その負担を軽減しうる切り下げの誘惑はますます強まっているはずです。

基軸通貨国のアメリカが単なる一資本主義国として振る舞いつつあるのです。[④]大きなアメリカと小さなアメ

漢字（各2点）

a カイユウ 〔 〕

b 購買 〔 〕

c 過剰 〔 〕

d シッツイ 〔 〕

e コウリョ 〔 〕

語句

基軸通貨…国際間の決済に広く用いられる通貨。現代では米ドル。

インフレ…インフレーション。物価水準が上昇し続ける現象。

大恐慌…世界的に景気が一気に後退する現象。

盟主…仲間（同盟国）の中で中心である者。

リカとの間の対立――これが二十一世紀に向かう世界経済が抱える最大の難問の一つです。

純債務国…対外資産が対外債務を下回っている国。

□(1) 空欄A・Bに入る語句をそれぞれ次から選びなさい。（各2点）
ア たとえば　イ それゆえ　ウ ところで
エ ところが　オ あるいは

□(2) 傍線部①とはどのようなことか。適切なものを次から選びなさい。（6点）
ア 貨幣の流通量が厳密に制御されていて、価格の変動なく商品を購入できること。
イ 他国において商品を購入するときでも、自国の貨幣を用いることができること。
ウ 自国から流通させた貨幣が、世界中の各国に広がって自国に戻ってこないこと。
エ 自国の生産能力以上の貨幣を流通させ、他国の製品を豊富に購入できること。

□(3) 傍線部②とあるが、これによって引き起こされる問題とはどのようなことか。わかりやすく説明しなさい。（10点）

□(4) 傍線部③とあるが、筆者はどのようなことが「皮肉」であると考えているのか。七十字以内でわかりやすく説明しなさい。（10点）

□(5) 傍線部④とはどういうことか。それによって引き起こされる問題を踏まえてわかりやすく説明しなさい。（10点）

解答欄

(1) A　B

(2)

(3)

(4)

(5)

第1章 第2章 第3章

19 随筆 日本人の思考 ―― 樋口裕一

時間 25分　得点

〔　月　日〕

解答▶別冊17ページ

日本人の著作の論理性不足は①目を覆わんばかりだ。非論理性が文学性、あるいは高度な思考の別名と誤解されている②フシさえある。有名評論家の文章の中にも、話がどんどんとずれていくもの、しっかりした裏づけをしないまま決めつけるものなど、たくさんある。しかも、語る内容が論理的に筋道がたっていて、現実にaニクハクしていくようなものは少ない。日本の政治家の演説が意味不明だとよく非難されるが、それも当然だと納得する。③所信表明演説などを丁寧に読んでみると、その論理性のおbソマツさに、日本の将来を悲観したくなってくる。（中略）

日本は明治以降、そしてとりわけ太平洋戦争後、様々な制度や文化を欧米から取り入れてきた。そして、価値観、考え方に到るまで、かなりの面で欧米化した。が、cカンジンの思考力、論理性については、まだ日本人は十分に近代化されていないと言っていいだろう。では、今では、日本人はかなり欧米化した生活をしているのに、なぜ、今に到るまで欧米の論理を受け入れられずにいるのだろうか。もちろん、長い間の詰め込み式の教育や、④排他性の弱い神道や仏教を信仰していたという歴史なども背景にあるだろう。だが、何よりも、これまで述べてきた⑤二項対立*的な思考と⑥型思考、そして、背伸び思考の欠如が大きいと、私は考えている。

日本人は二項対立で考えないから曖昧になる。イエス・ノーも曖昧で、マルバツでは決められないのが人間社会だと考えている。自分と他者も明確に区別しない。話相手に対して、「われ」という一人称で呼んだり、子どもに対して「ボク」と呼びかけたりするのも、そうした傾向の現れだろう。しかも、戦後、日本の教育界では、「型」に当てはめることが、個性をdコワすとして、何よりも嫌われてきた。作文でも絵でも、どのように書くかは指導されず、「考えていることを自由に書きなさい」「ありのままに書けば、それでよい」とされてきた。そうして、どのように書くかの指導もろくにしないまま、読書感想文を書かせて、本嫌いや作文嫌いを大量に生産してきた。もちろん、戦前のような、闇雲にe暗唱させる教育や、規範を守らせるだけの指導では、独創的な知性は生まれないだろう。到達点としての、模範としての「型」を重視し、模範に少しでも近づくことを理想としたのでは、どうしても個性軽視になり、同一のものを再生産することになる。だが、私の言う「型」

漢字（各2点）

a ニクハク〔　　〕

b ソマツ〔　　〕

c カンジン〔　　〕

d コワす〔　　〕

e 暗唱〔　　〕

語句

二項対立…対立する二つの概念や考え方。主観と客観など。

とは、出発点としての、組み立ての基準になる「型」だ。それを目的とするわけではない。このような「型」は決して、個性的な思考の妨げにはならない。

□(1) 傍線部①の意味を説明しなさい。（8点）

□(2) 傍線部②とほぼ同じ用法として適切なものを次から選びなさい。（6点）

ア 華のフシに目をやれば…　イ より糸にフシ多くして…

ウ 声もよくフシも上手で…　エ 疑いをはさむフシがあって…

オ 定年は人生の一つのフシ目…

□(3) 傍線部③はどのような意味か。適切なものを次から選びなさい。（6点）

ア 国家議員が政府や大臣を批判し退陣を迫る演説。

イ 議員に立候補した人が投票をお願いする演説。

ウ 総理大臣が国会の本会議で意見・信条を述べる演説。

エ 政治家が党大会で党の方針を述べる演説。

オ 選挙運動の期間内で政治的意見を述べる演説。

□(4) 傍線部④はどういうことか。適切なものを次から選びなさい。（6点）

ア 他の宗教よりも論理性の弱い宗教を信仰していたということ。

イ 外国の宗教と争う力もない弱い宗教を信じていたこと。

ウ 他の宗教から差別され、排斥されている宗教を信じていたこと。

エ どの宗教であっても認める寛容な宗教を信じていたこと。

オ 古くから続いている保守的な宗教を信仰していたこと。

□(5) 傍線部⑤とあるが、日本人にこのような「思考」が欠如している様子がわかる一続きの部分を抜き出し、最初と最後の五字を書きなさい。（句読点を含む）（6点）

□(6) 傍線部⑥とあるが、筆者の考える「型思考」の「型」の意味を本文の言葉を使ってわかりやすく説明しなさい。（8点）

解答欄

(1)

(2)

(3)

(4)

(5) 〜

(6)

第1章　第2章　第3章

20 評論 かたちの日本美 ―― 三井 秀樹

紋様が登場したのは、有史以前、日本ではジョウモン時代の土器の表面に刻み込まれた楔形《くさびがた》のパターンがはじめてとされている。紋様が装飾のもっとも基本となるかたちであることは、世界中の遺跡から発掘された遺物からも明らかである。

装飾とは、紋様がくり返されることによって生まれる音楽のセンリツにも似た視覚的なリズムの快感である。洋の東西を問わず、建築、工芸や衣裳《いしょう》に人々は装飾を施し、装飾願望を満たしてきた。

こうした装飾に対する人々の希求は、時代ごとに象徴するかたちに集約され時代の様式に進化していった。西洋のロココ*時代はバラの花が様式化された紋様となり、中国では牡丹《ぼたん》や菊の花が装飾紋様の象徴として盛んに用いられていた。

①一方、日本では中国文化の影響が強かった奈良や平安時代には梅や桔梗《ききょう》、橘《たちばな》が見られた。江戸時代に入ると、さらに桜、藤《ふじ》、百合《ゆり》、椿《つばき》から野趣に富んだ福寿草、朝顔や撫子《なでしこ》などが加わり、さらに麻の葉、桐《きり》、松、竹や萩《はぎ》、ススキやカズラなど植物紋様が登場してくる。

こうした紋様とその連続パターンである装飾は、衣裳のデザインにも施され、人々の装飾願望を満たしていった。

ところで、②日本のテキスタイル*・デザインが西洋と比べて大きく異なるのは、西洋の紋様は、絵画と同じように写実にテッしていたことである。バラや百合、カーネーション、チューリップなどを忠実に写しとって布地やタペストリー*に再現する。これに対して日本のテキスタイル・デザインでは、花の紋様は花のかたちをそのまま写しとるのではなく、そのかたちは単純化され、象徴化したシンボルとして幾何学抽象化したかたちに図案化される。

多くの花は回転すると再び同じかたちが現れる点対称であるため、幾何学的に処理しやすく、より美しいかたちに変身する。例えば梅や桜は五角形で七二度ごとに同じかたちが現れる点対称のかたちである。

もうひとつ日本と西洋のテキスタイル・パターンの決定的な違いは、西洋の装飾パターンは余白をつくらず

〔 月 日〕

時間 25分　得点

解答▸別冊17ページ

漢字（各2点）

a ジョウモン〔　　〕

b センリツ〔　　〕

c テッして〔　　〕

d ヘキガ〔　　〕

e センザイ〔　　〕

語句

ロココ…一八世紀にヨーロッパで流行した美術や建築の装飾様式。

テキスタイル…布地や織物。

タペストリー…糸で絵などを織った織物。

アラベスク紋様…イスラム美術に見られる幾何学的な紋様。

全面を紋様で、くまなく覆いつくすことである。西洋人が、全面、紋様で埋めてしまう表現にこだわるのは、③西洋の合理主義哲学が背景にあり、「空間恐怖感」の概念があるからだと美術家たちが指摘している。[d]ヘキガやテキスタイルに一部にしか紋様が施されないと西洋人は不安になり、そこを埋めなくてはならないという[e]センザイ的意識をもつためと説明しているのだ。

　もっとも全面に余白のない紋様構成は、中国伝来の奈良、平安時代の仏教装飾やイスラム文化のアラベスク*紋様、インドの装飾美術にも見られる。これに対し日本のテキスタイルは、西洋と同じように確かに全面地模様のように覆いつくすパターンも多い。しかしそれだけではなく、特に江戸時代以降の美術表現には、これに加えパターンを部分だけに施し余白を残すデザインや、衣裳デザインでは左右非対称にパターンを配置(レイアウト)するなど、イレギュラーな表現法が、これまた多いのも確かである。

□ (1) 傍線部①はどういう事柄の具体例か。その事柄が書かれている一文を抜き出し、最初の五字を書きなさい。(7点)

□ (2) 傍線部②とあるが、両者の違いを、本文で対比されている点を読み取り説明しなさい。(8点)

□ (3) 傍線部③とあるが、それに対して日本特有のデザインからわかる、紋様における日本人の美意識を説明しなさい。(9点)

□ (4) 本文の内容と合致するものには○を、合致しないものには×を記しなさい。(各4点)

㋐ 紋様の繰り返しによる装飾は、聴覚的なリズムを重要視した芸術品である。

㋑ 世界中の遺産から紋様が施された遺物が多く発掘されている。

㋒ 花は点対称になるものが多く、幾何学的に処理がしやすい。

㋓ 全面に余白のない紋様構成が日本のテキスタイルにはない。

解答欄

(1)

(2)

(3)

(4) ㋐ ㋑ ㋒ ㋓

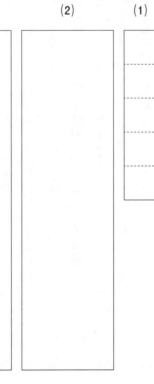

21 評論

ある神学者の話 ―― 渡辺一夫

時間 25分　得点

解答・別冊18ページ

（　月　日）

ルネサンス期のユマニスト*（ヒューマニスト・人文主義者）たちが、どのような人間観を持っていたか、どのような人間像を理想としていたか、これを簡単に指示できないのは残念です。しかし、ユマニストたちは、聖書*に対して加えられた誤った^{a}カイシャクを、聖書の原典批評*によって発見すればするほど、キリストの精神から見れば、歪《ゆが》められた人間としか言いようのない人々の手が働いていることと、その結果、①更に多くの人々を歪めさせるような制度や言動が生れていることを感じたらしく思われます。また、ギリシャ・ローマの学芸に触れて、中世キリスト教以前の世界に、思いもかけぬ深い思想や、明るい人間感情や、闊達*《かったつ》な生活があったことを知ったユマニストは、自分の周囲の人々が、あたかも足枷《あしかせ》手枷をはめられて、人間本来の^{b}シセイを失っているばかりか、歪んだ体軀《たいく》のままで固まってしまいかねないことを感ぜざるを得ませんでした。（中略）

ユマニスト（ヒューマニスト・人文学者）は、②批判をするだけで、現実を変える力を持ち合わせないし、ユマニスム（ヒューマニズム・人文主義）というものは、^{c}所詮無力なものだなどと言われます。しかし、□批判し通すことは、決して生やさしいことではありませんし、現実を構成する人間の是正、制度の矯正を着実に行うことは、現実を性急に変えようとしてさまざまな利害関係（階級問題・政治問題）と結びつき、現実変革の方法に闘争的暴力を導入して多くの人々を苦しめることよりも、はるかにむつかしいことだと思います。私のいうユマニスムは、一見無力に見えましょうが、③決して無力ではないはずです。ルネサンス期にお互いに血を流し合った新旧両教会の対立は、現在でも残っているとは言えますが、それは、単なる教養の上での対立であって、現在、新教徒（プロテスタント）と旧教徒（カトリック）とが^{d}テッポウを撃ち合って殺し合うというような対立ではなくなっています。人々は、同じキリストの名のもとで、キリスト教徒がお互いに殺し合うことがいかに^{e}愚劣であるかということを知っているからです。そして、こうした愚劣さや非キリスト教徒的な行為や非人間的な激情をおさえる力に自覚を与えてくれたものは、ユマニスムの隠れた、地味な働きにほかなりますまい。現在、人々は、宗教問題で戦争を起すことはしない代りに、経済問題・思想問題で戦争を起しかねません。しかし、もしユマニスムが今なお生き続けているとするならば、必ずいつか、人々は、④こうした諸問題のために

漢字（各2点）

a カイシャク〔　　〕

b シセイ〔　　〕

c 所詮〔　　〕

d テッポウ〔　　〕

e 愚劣〔　　〕

語句

ユマニスト…ルネサンス期、ローマの古典や聖書原典の研究を元に、人間の本質について考察した知識人。

聖書の原典批評…聖書の写本の中から、どれが原文かを決めること。

闊達…細かいことにこだわらず、度量が大きいこと。

争うことも愚劣だと観ずることでしょう。経済も政治も思想も、人間が正しく幸福に生きられるようにするためにあるという根本義を、必ず人々は悟ることでしょう。ユマニスムは無力のように見えてもよいのです。ただ、我々が、この無力なユマニスムが行い続ける批判を常に受け入れ、この無力なユマニスムを圧殺せずに、守り通す努力をしたほうが、⑤殺し合って、力の強い者だけが生き残るというジャングルの掟《おきて》を守ろうとするよりも、はるかにむつかしいにしても、はるかにとくだということだけは確かなように思います。

□(1) 傍線部①とあるが、これを比喩的に表現した語句を本文から四字で抜き出しなさい。（6点）

□(2) 傍線部②とあるが、ユマニストはどのようなことを批判したのか。適切なものを次から選びなさい。（8点）

ア キリスト教の精神が曲解され、本来の姿を見失っていること。
イ 新教徒と旧教徒が、自身の欲望のため暴力的な争いをすること。
ウ キリスト教信者の信仰心が、中世以前より薄れてしまったこと。
エ 人々が聖書の教義について真剣に学ぼうとしなくなったこと。

□(3) 空欄に入る語句を次から選びなさい。（6点）

ア 一刀両断　イ 終始一貫
ウ 理路整然　エ 一部始終

□(4) 傍線部③とあるが、ユマニスムはどのような力を持っているのか。わかりやすく説明しなさい。（8点）

□(5) 傍線部④とあるが、なぜ「愚劣」であると言えるのか。わかりやすく説明しなさい。（8点）

□(6) 傍線部⑤とあるが、このことを表すような四字熟語を漢字で書きなさい。（4点）

解答欄

(1)

(2)

(3)

(4)

(5)

(6)

22 随筆 反ユートピアの旅 —— 巖谷國士

ユートピア*は人間にとって本質的な何かだろう。十六世紀のある日、トマス・モアのノウリ(a)にうかんだこの言葉は、本来「どこにもない場所」を意味していただけでなく、幸せな土地、輝く都市、理想の国、といったニュアンスをも担わされていた。ところで、人間とは、かつて未開の森を出てノウコウ(b)(＝文化)をいとなみ、やがて都市をきずき、国家をかたちづくるようになったときから、早くもそんな①ユートピアの夢にとりつかれ、みずからのすまう空間の永続的な安定を、そして時間の停止を、まるで強迫観念*のようにして、営々と追いもとめてきた存在なのである。

どこにもないからこそ、いっそう人間の想像力をかきたてるかに見えるシフク(c)の地――。けれども、この「どこにもない場所」という原義自体に、②一種のパラドックスがふくまれていたことは否定できないように思われる。なぜだろうか。ひとつには、古来のさまざまな書物のうちに、そんな「どこにもない場所」のイメージが、じつは紋切型(＝リウ・コマン／どこにでもある場所)のようにくりかえし描きだされ、その結果、いわば、すでに実在していたからである。

輝く都市、幸せな島、理想の国は、すくなくともヨーロッパの文学や思想にとっては、古代ギリシア以来、なじみのテーマでありモティーフ*であった。しかも、そこに扱われてきたユートピア的社会のありようは、③どれもこれも、奇妙なほどたがいに似かよっているのだ。(中略)

これは混沌や迷路からの脱却であり、闇や影の放逐(d)であり、有機体としての自然や生命の矯正であり、放浪や逸脱や悪徳や畸形の排除であり、個の圧殺であり、ひいては自由、詩、ユーモア、狂気、多様性、アナーキー*の抑制である。なるほど「すばらしい新世界」だ！　プラトン以来の多くのユートピスト*たちは、いつもこんなふうにして、④何ものかの否定と隠蔽*の上に、[A]のイメージをくりひろげてきたのだった。

ごくふつうに考えて、このような都市や国家のありかたは、さほど想像力のいとなみにかなうものとは思われない。想像力はむしろ自由を、偶然を、多様性を、ときには無秩序やアナーキーを、本来の性向としてもとめるだろうからである。「どこにもない場所」はそもそも、そんな想像力をかきたて、豊かにし、無限の変化

〔　月　日〕

時間 25分　得点

解答▸別冊19ページ

漢字（各2点）

a ノウリ〔　　〕
b ノウコウ〔　　〕
c シフク〔　　〕
d 放逐〔　　〕
e 相貌〔　　〕

語句

ユートピア…理想郷。
強迫観念…考えるのを自分でやめられない観念。
モティーフ…作品を作る上での動機・題材。
アナーキー…無政府状態。
ユートピスト…夢想家、理想主義者。
隠蔽…真相を故意に隠すこと。

にまかせるものでありえたはずだ。ところが、古来のユートピア文学のほとんどは、「どこにもない場所」を［B］のなかにとじこめ、このジャンル自体が城壁にかこまれた不変の世界であるかのように、画一的な相貌をまもってきたわけである。

□(1) 傍線部①とあるが、どのような夢か。簡潔に説明しなさい。（6点）

□(2) 傍線部②とあるが、どのようなことが「パラドックス」であるのか。適切なものを次から選びなさい。（6点）

ア 「どこにもない」と言いながら、心の奥では存在すると期待していること。

イ 存在するか確かめていないのに、「どこにもない」と思い込んでいること。

ウ 本来「理想郷」を表す言葉に、「どこにもない」という意味をあてはめたこと。

エ 「どこにもない場所」と言われるものが、実は文学の中ではありふれた存在であること。

□(3) 傍線部③とあるが、具体的にはどのようなものか。四十字以内で説明しなさい。（8点）

□(4) 空欄Aに入る言葉を本文から十五字で抜き出しなさい。（句読点を含む）（6点）

□(5) 傍線部④とあるが、筆者がこのように考えるのはなぜか。具体的に説明しなさい。（8点）

□(6) 空欄Bに入る言葉を本文から三字で抜き出しなさい。（6点）

解答欄

(1)

(2)

(3)

(4)

(5)

(6)

第1章 第2章 第3章

23 評論 グローバリゼーション——河合 隼雄

グローバリゼーションは、地球上の人々の間のコミュニケーションを豊かにするものであって、そのなかにあって各文化はその固有性を保持すればよいとは言うものの、グローバリゼーションを[a]ソクシンし、それによって伝えられてくる科学技術は、「普遍性」をもち、文化差を問題にしない。しかも、それは便利で[b]カイテキなので、単にそれを取り入れているだけと思っていても、それは知らず知らずのうちに、生活全体を一様化する傾向をもっている。そして、それは単なる一様化ではなく、科学技術を支える思想、考え方、進歩の度合などによって、世界中に相当な格差を与えることになる。

このようなことのために、グローバリゼーションはアメリカナイゼーション*である、という考えさえ出てくるのである。アメリカのもっているパワー、つまり、武力と財力がそうさせるのだが、それは□の[c]ハッテンの結果によるところが大きい。

①科学の「普遍性」に対して、個別性を主張するものとして宗教がある、という考え方ができる。近代科学が既に述べたように、人間（観察者）と現象を切り離すことによって成立するのに対して、自分自身とのかかわりにおいて世界をどう見るか、ということに対しては科学は答えられず、それは宗教を必要とする。人間の死について科学は研究できるが、自分にとっての死の意味、自分とかかわりの深い者の死の意味については科学は答えない。それに答を[d]テイキョウするのが宗教である。つまり、科学に対して、②極めて「個別的」な問いから宗教が発生する。

ところが、ここに「普遍宗教」と呼ばれる宗教が存在することによって、問題が複雑になってくる。宗教は本来、ある個人が自分とのかかわりにおいて、自分の生死を、あるいは世界をどう見るか、ということなのであるが、それが特定の民族や特定の文化との結びつきによって語られる場合は、その範囲は限定されてくる。しかし、あるときにある個人から発したある見方や考え方に、多くの人が自分の個人的体験を通じて共感し、それに従うことになり、それが何ら特定の民族や集団に限定せず、誰をも拒まないことによって、世界の各地に広まってゆくと、それは「普遍宗教」と呼ばれるものになってゆく。

〔　月　日〕

時間 25分　得点

解答▸別冊20ページ

漢字（各2点）

a ソクシン〔　　〕
b カイテキ〔　　〕
c ハッテン〔　　〕
d テイキョウ〔　　〕
e ユイイツ〔　　〕

語句

アメリカナイゼーション…アメリカ合衆国一国が世界中を経済的・文化的に支配するという考え方。

ただ、ここで注目すべきことは、ここに用いられる「普遍」という言葉は、科学における場合とまったく異なっていることである。科学の場合は、既に述べたように、個人を抜きにすることによって得た普遍性であるが、宗教の場合は、あくまで個人の体験が基になり、③間主観的に成立してくる普遍性である。したがって、科学は全世界に普遍的であるが、宗教の場合は実際的には「普遍宗教」と呼ばれているものは、キリスト教、仏教、イスラームがあり、これに他の宗教を加える人もあるが、ともかく、ひとつではない。それを信じている人は、それこそが「[e]ユイイツ普遍」と思うだろうが、④実際的にはひとつではないところに困難が生じてくる。

□ (1) 空欄に入る語句を本文より抜き出しなさい。（4点）

□ (2) 傍線部①とあるが、「科学における普遍」を筆者はどのようにとらえているか。簡潔に説明しなさい。（10点）

□ (3) 傍線部②とは具体的にどのような「問い」か。本文より二十五字以内で抜き出しなさい。（8点）

□ (4) 傍線部③とは具体的にはどういうことか。わかりやすく説明しなさい。（10点）

□ (5) 傍線部④とあるが、「困難が生じてくる」のはなぜか。その理由として適切なものを次から選びなさい。（8点）

ア 科学の行き過ぎに対して、宗教は有効性を持つが、唯一絶対的な宗教を一つに絞るのは不可能であるから。

イ 科学は個人を切り離すが、宗教は個人的な体験に基づくので、全ての宗教を一つにまとめるのは困難であるから。

ウ 科学の絶対性と宗教の絶対性とは異なり、各宗教間でその絶対性を主張するので、互いは相容れないから。

エ 宗教は元来、限定された範囲で信仰されているので絶対的な真理とはなり得ないから。

解答欄

(1)

(2)

(3)

(4)

(5)

24 随筆 砂漠への旅 —— 森本哲郎

〔　月　日〕

時間 25分　得点

解答▼別冊21ページ

なぜ砂漠にそんなに惹かれるのか。自分にもよくわからない。しかし、おそらく、砂漠というものが、私にとってはまったくの㊀反世界だからだろうと思う。

たしかに砂漠は私たちの住む日本の風土の反対の極と言ってもいいであろう。和辻哲郎(注)はあの有名な『風土』という書物のなかで、世界の風土をモンスーン*型、牧場型、砂漠型の三つに分け、砂漠型を私たちの住むモンスーン型風土のaタイキョクに置いた。そしてモンスーン型日本人がインド洋を抜けてアラビア半島にたどりついたときのbショウゲキを記している。そのショウゲキとは、㊁「人間いたるところに青山《せいざん》あり」などと考えているモンスーン型日本人が、どこをどう見まわしても青山など見あたらぬ乾き切った風土に直面したおどろきだと言う。たしかに砂漠は、㊂青山的な私にとってショウゲキそのものだった。そこにあるのはただ砂と空だけなのだから。けれど、そうした砂の世界に何日か身を置いてみると、やがて砂は私になにごとかをささやきはじめた。そして、不思議なことに、こんどは自分が住んでいるモンスーン型の日本の風土や、そこにくりひろげられている生活が〝反世界〟のように思えてくるのである。

砂漠には何もない。何もないということがとうぜんのようになってくると、逆に、なぜ日本の生活にはあんなにもたくさんのものがあるのか、cキミョウに思えてくる。あんなに多くのものに取り巻かれなければ暮してゆけないのだろうか、と。もしかしたら、それらのものは、ぜんぶ余計なものではないのか。余計なものに取り巻かれて暮しているから、余計な心配ばかりがふえ、かんじんの生きる意味が見失われてしまうのではないか……。しかし、待てよ、と私は考える。生きてゆくのに必要なものだけしかないということは、文化がないということではないか。生きてゆくうえに必要なもの、それを上まわる余分のものこそが、じつは文化ではないのか。文化とは、言ってみれば、余計なもののdシュウセキなのではないか。だとすれば、砂漠を肯定することは、文化をeヒテイすることになりはしまいか……。それにしても——と私はさらに考えなおす。私たちはあまりにも余分なものを抱えこみすぎているのではなかろうか。余分なものこそ文化にはちがいないが、㊃さりとて、余分なもののすべてが文化であるわけもなかろう。余分なもののなかで、どれが意味があり、何が無価値

漢字（各2点）

a タイキョク〔　　〕

b ショウゲキ〔　　〕

c キミョウ〔　　〕

d シュウセキ〔　　〕

e ヒテイ〔　　〕

語句

モンスーン…一定の方角へ季節によって風の吹く方角が変化する風のこと。モンスーンは乾季・雨季のある気候を形成するが、全体としては湿潤な気候をもたらし、稲作に適している。

であるか、それをもういちど考えなおす必要がありはしまいか……。

砂漠とは、こうした反省を私にもたらす世界である。砂漠は現代の文明社会に生きる人びとにとって、一種の鏡の国と言ってもいいような気がする。

(注)和辻哲郎…『古寺巡礼』『風土』などの著作で知られる哲学者、倫理学者。その倫理学の体系は、和辻倫理学と呼ばれる。

□(1) 傍線部㈠の状態を具体的に説明している語句を、本文から五字以内で抜き出しなさい。(6点)

(2) 傍線部㈡・㈢について、次の問いに答えなさい。(各8点)

□① 傍線部㈡の成句の意味を次から選びなさい。

ア 人間は常に災いが福となり、福が災いとなって、変転するものだということ。

イ この世の中のことはみなはかなくて定まることなく、人間の生き死になどとうてい予測できないということ。

ウ 何事にもこだわらず、わだかまりのない、広く素直な心で、物事に対すること。

エ 目的を遂げるために、自ら厳しい試練を課し、厳しい苦労や努力をすること。

オ 活動できる場所はどこにでもあるので、大望を実現するためには故郷を出て活躍すべきであるということ。

□② 傍線部㈢とは、どういう「私」か。三十字以内で説明しなさい。(句読点を含む)

□(3) 傍線部㈣を十字以内で書き換えなさい。(8点)

□(4) 傍線部㈤とあるが、なぜ「鏡の国」なのか。その理由を五十字以内で説明しなさい。(句読点を含む)(10点)

解答欄

(1)

(2) ①

②

(3)

(4)

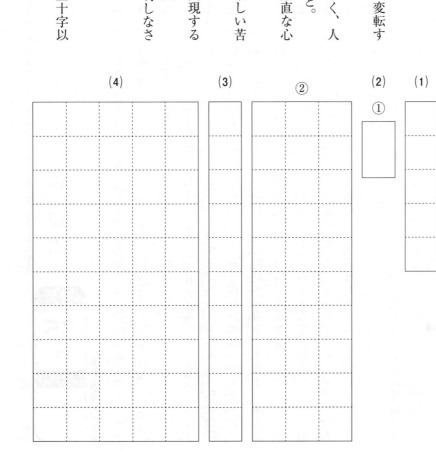

章末問題

評論

遠い挿話

今福龍太

時間 35分　得点

解答・別冊22ページ

（　月　日）

　植民地主義イギリスの紀行文学の根強い伝統を論じた著作『海外へ』のなかで、イギリスの批評家ポール・フュッセルは旅人を「探検家」「トラヴェラー」「ツーリスト」の三種類のタイプに類別している。

　「探検家」とは、フランシス・ドレーク卿やエドモンド・ヒラリー卿のように、①しばしば爵位をもってその活動を顕彰されるようなタイプの旅人である、とフュッセルは言う。いかなるトラヴェラーもツーリストも、彼らのなしとげた行為によって爵位を贈られる、というようなことはない。トラヴェラーやツーリストの旅が探検家のそれと同じ程度に困難で記憶されるべき内実をそなえたものであるとしても、それは「行為」として本質的に探検家の実践とは意味づけを異にしているからだ。「探検家」は未知の探求者である。彼らの旅は処女的発見のための旅であり、その地理的・博物学的・考古学的発見の行為は新しい科学的世界像の形成と深く結びついている。彼らは死の危険をすら冒して未知を彼らの世界の側に奪取する文化英雄たろうとする。

　一方現代の「ツーリスト」の求めるものは商業主義的な企業家によってあらかじめ発見された大衆的価値である。ツーリストはマスメディアの巧妙なプレゼンテーションによって彼らのために準備されたルートとトポス*をめぐる、現代の□な好奇心を代表している。探検家がかたちのないもの、知られざるものと対峙《たいじ》するリスクを進んで冒そうとする人々であるならば、その反対にツーリストは徹底して既知の側につき、②すでに確認された紋切り型の「知識」を安全性の保証のもとに追認するにすぎない。

　そしてこの探検家とツーリストの両極の中間に「トラヴェラー」がいる。③彼らは移動の途上で生起するであろうあらゆる予期せぬ経験を旅の長所として留保しつつ、一方で彼らの西欧的アイデンティティが揺らぎだす手前で巧妙に旅の混沌《こんとん》から身を引き離す。彼らは自分がいまどこにいるのかを熟知しつつ、世界放浪のロマンティックな動機に過渡的に身をまかせることのできる旅人なのである。適度な異国趣味と適度な冒険を内側から支える安定した「世界」像のなかで、トラヴェラーは時代の経済原理をたくみに利用しながら旅してゆく……。

　フュッセルは「トラヴェラー」に一つの旅人としての理想のスタイルを見出そうとしている。探検家とツーリストという、④旅の始まりと終焉《しゅうえん》の実践の両極をわたる中庸の旅人のなかに、真正の旅人へのレクイエムを聞きだそうとしている。だがここで重要なのは、探検家であろうとトラヴェラーであろうとツーリストであろうと、およそフュッセルの描きだす旅のトポグラフィ*にはつねに特定の起点と終点があらかじめ想定されているという事実の方である。探検家にとっての旅の起点も終点もきわめて明瞭だ。ヨーロッパ*の中心から国家の期待を背負って旅立った彼らは、ふたたび彼らの都市へと凱旋《がいせん》する。彼らの冒険物語を語り、撮影した処女地の写真を展覧し、爵位を授けられるために……。⑤そしてその点において、トラヴェラーとツーリストもじつは変わることがない。トラヴェラーの詩的な＊ヴァガボンドの物語はあらかじめ文明世界において語られるためにこそ体験されるのであるし、ツーリストも保証された帰還をすべての前提として土産を購入し、エキゾティックな土地の一時的占有を示す絵はがきを郷里の友人に旅先から送って彼らの知的戦利品としての風景を誇示するのである。

こうして旅は家と外国とを空間的に峻別することでその内容を盛られてきた。自己と他者が明確に差異化されることによって、西欧的旅人の主体性はアイデンティティを維持しつづけることができた。だが二十世紀末の現在、ギリシャの旅人＝理論家の末裔たちは彼らの思考と表現の基地・中心地としての「家」を失いつつある。安定した起点と終点を喪失した現代の旅の実践は、⑥旅を日常の生から聖別された感覚と思考の閉鎖的領域から解き放った。旅の遂行の途上で、現代の私たちは自己と他者の不思議な混交を体験し、場所の奇妙な溶解に立ち会うことになったからである。旅そのものが安定したアイデンティティの実践であることをやめ、行方のない彷徨《ほうこう》を開始したのだ。

⑦旅の物語を語ろうとする私たちは困惑しはじめている。家の喪失は、疑いもしなかった「帰還」の＊ディスクールの根底を揺るがせたからだ。中心から周縁へと赴いたはずの旅人は、もっとも隔絶された「辺境」で傍若無人のツーリストたちに遭遇してエキゾティックな物語を見失った。落胆して家へ帰りついたはずの彼らは、そこがあるときから別な世界からやってくる移民と総称される人々の意識の果てにひろがる＊ディアスポラの領域であったことを逆に発見した。世界の中心が別な世界の周縁となり、「第一世界」の核心に「第三世界」の楔《くさび》が打ち込まれようとしている……。

＊トポス…場所。　＊トポグラフィ…地勢図。　＊ヴァガボンド…放浪者。
＊ディスクール…言説。
＊ディアスポラ…もとは離散の意。現在地を離れた移住者。

□(1) 傍線部①とあるが、なぜ「探検家」は「爵位をもってその活動を顕彰される」のか。その理由として適切なものを次から選びなさい。（4点）

ア 自分の属する共同体と決別し、あえて処女地に旅立つ行動力を持ち合わせているから。
イ 危険を省みず、困難な旅を行いながら、必ずもとの場所に成果をあげて帰ってくるから。
ウ 処女地を探検し、その場所を自分たちの政治的支配の下におくことは、英雄的な行為と考えられるから。
エ 国家の期待を背負いながら未知の土地を目指し、新しい世界像の形成に結びつく学術上の発見を持ち帰ってくるから。

□(2) 空欄に入る語句として適切なものを次から選びなさい。（4点）

ア 実践的　イ 活動的　ウ 受動的
エ 現実的　オ 消極的

□(3) 傍線部②の意味を書きなさい。(5点)

□(4) 傍線部③は、どのようなことを意味するのか。適切なものを次から選びなさい。(4点)

ア 移動の途中で遭遇するすべての出来事を一旦は受け入れる態度をとりながら、結局は、それを自分たちの望まないものとして排除する。

イ 予想もしない出来事を旅の面白みとして味わいながらも、自分たちの文化からは決して逸脱しないように、商業主義的なシステムも利用しながら、旅を遂行していく。

ウ 未知なるものの発見を世界放浪の動機としながら、それを手に入れた後は、すぐに安全な場所に退き、旅の安全を確保する。

エ 旅にはアクシデントがつきものだと考えながらも、西欧のキリスト教文化と異質なものに対しては、常に距離を置き、自分のアイデンティティを守ろうとする。

□(5) 傍線部④を具体的に説明しなさい。(7点)

□(6) 傍線部⑤は、どのようなことを意味するのか。適切なものを次から選びなさい。(4点)

ア トラヴェラーもツーリストも、西欧的なアイデンティティを異国の地で体現するという意味では、探検家と共通の性格を持っている。

イ トラヴェラーとツーリストは、未知の土地の探求者ではないが、自分の経験談や、旅先のみやげ物を持ち帰るという点で、探検家と類似する。

ウ トラヴェラーもツーリストも、どのような形であれ、異文化を体験し、また、それを語り、報告すべき、出発地である故郷を持っているという点では探検家と同じである。

エ トラヴェラーとツーリストは、旅の遂行の仕方と、故郷に帰ってからの待遇が探検家と異なるという点で、共通の特徴を有している。

□(7) 傍線部⑥は、どのようなことを意味するのか。適切なものを次から選びなさい。（4点）

ア 旅を、西欧的な主体性の実践から自由にし、異文化との積極的な混交を促進させた。

イ 旅を、日常生活から切り離し、西欧的な思考の閉塞状況から脱出させた。

ウ 旅を、宗教的な意義のある行為であるという思い込みから開放した。

エ 旅を、非日常の感覚と西欧的なアイデンティティを保った中で遂行するものから変質させた。

□(8) 傍線部⑦の理由を五十字以内で説明しなさい。（句読点を含む）（8点）

□(9) 次の文のうち、本文の趣旨に合致すると思われるものには○を、合致しないと思われるものには×を記しなさい。（各2点）

ⓐ 探検家の行う行為は、トラヴェラーやツーリストの行う行為とは、意味づけが全く異なっている。

ⓘ フュッセルが行った、「探検家」「トラヴェラー」「ツーリスト」という旅人の分類は、歴史的観点から見ると、根拠のほとんどないものと考えられる。

ⓤ 現代においては、西欧人たちの旅も、いつのまにかディアスポラとしての色彩を強めている。

ⓔ かつて西欧的旅人たちのアイデンティティは、「家」と外国とを明確に区別することにより保たれていたが、二十世紀末においては、その思考と表現の中心地としての「家」をだんだんと失いつつある。

ⓞ 探検家が行った未知の探求とその成果は、新しい科学的世界像の形成と深く結びついている。

あ	い	う	え	お

装丁デザイン　ブックデザイン研究所
本文デザイン　未来舎

高校 トレーニングノートβ 現代文読解

編 著 者　高校教育研究会
発 行 者　岡　本　明　剛
印 刷 所　寿　　印　　刷

発 行 所　受験研究社

© 株式会社 増進堂・受験研究社

〒550-0013 大阪市西区新町2丁目19番15号
注文・不良品などについて：(06)6532-1581(代表)／本の内容について：(06)6532-1586(編集)

解答・解説

高校 トレーニングノートβ
現代文読解

第1章　言葉や文学をめぐる思想

1 言語の身体性　（4～5ページ）

内田《うちだ》樹《たつる》…一九五〇（昭和二五）年～。東京都生まれ。思想家。神戸女学院大学名誉教授。東京大学文学部卒業。専門は、フランス現代思想、映画論、武道論。

出典…『寝ながら学べる構造主義』（文春新書）〈第二章　始祖登場―ソシュールと『一般言語学講義』―〝2「肩が凝る」のは日本人だけ〟〉の一節。本書は代表的な構造主義思想家四人を取り上げ、具体的な事例を入れながらその思想をわかりやすく解説してある。筆者の著作の中でも、広く読まれているものの一つである。

読解のポイント　私たちは外国語を学ぶ場合、ある単語には、必ず対応する単語があると考えています。例えば英語の場合で言えば、「リンゴ」は「apple」、「家族」は「family」であるというように。だから語彙を増やすことに腐心するわけです。もちろんこれは、ある一面では正しい方法です。しかし筆者が主張するように、言葉というものは「その国語を語る人たちの世界のとらえ方、経験や思考に深く関与」するのだということを知らなければ、単に語彙を増やすことはむなしい作業になる可能性があります。まずはこのことを忘れないで下さい。

本文で筆者は「肩が凝る」という誰にでも起こると考えられる現象から、言語の不思議さを明らかにしています。文末の「世界中誰の身にでも同じように起こるはずの物理的・生理的現象でさえ、言語のフレームワークを通過すると、様相を一変させてしまうのです」という部分は、前述した言葉に対する認識の言い換えであり、しっかりと押さえたいところです。

解答

漢字　a 観念　b しゅうそ　c 硬直　d 了解　e 範囲

(1) （例）日本語で「肩が凝った」という場合、英語では「背中が痛む」と表現すること。　(2) 3　(3) ウ

(4) 根を詰めて　(5) （例）B 病院　C 苦労

解説

(1)本文の全体の主旨に関わる。〈日本語〉「肩が凝る」＝〈英語〉「背中が痛む」。設問の「新しい意味」はこの図式をまとめればよい。　(2)「自分の労苦へのねぎらいのことばを求めるとき」がヒントになる。この表現に対応する箇所を選ぶ。　(3)本文の「重要な意味」をしっかりと理解する。ウの「痛みの場所を表現する以上の意味」がこれに対応する。　(4)日本語で「肩が凝った」ということは、単なる痛みの表現ではないという筆者の主張に着目する。　(5)も同様。

2 私の日本語雑記　（6～7ページ）

中井《なかい》久夫《ひさお》…一九三四（昭和九）年～。奈良県生まれ。医学者・精神科医。神戸大学・甲南大学名誉教授。京都大学医学部卒業。東京大学医学部附属病院分院神経科勤務を経て、名古屋市立大学医学部助教授、神戸大学医学部教授などを歴任。多岐にわたる功績を持ち、文章家としても有名。

出典…『私の日本語雑記』（岩波書店）〈14　われわれはどうして小説を読めるのか〉から抜粋。

読解のポイント　日本を代表する精神医学者でもあり、翻訳者でもある筆者が、日本語について感じることを述べた文章の一部です。ここでは、日本語だけでなく、言語そのものについての筆者の考えが示されています。赤ちゃんは最初言葉を持っていませんが、「名付ける」ことで言葉を獲得していきます。「名付ける」ことで意味の範囲を確定していきます。ですが、その範囲はそれぞれの

ひっぱると、はずして使えます。

国の文化によっても違いますし、個々の人間でも異なってきます。その言葉の持つ「あいまいさ」「いい加減さ」に気づかずに、「人間の言葉は絶対的」だと思ってしまうことを筆者は危惧しています。

「言語」や「言語の獲得」についての文章は入試で扱われることが多くあります。言語に対する一般的な考えや知識を身につけておくと読解の際に役立ちます。

解答

漢字 a 真剣　b 片隅　c 尋(ねて)　d 単純　e 錯覚

(1) ウ　(2) ア　(3) エ

(4) (例)イメージによって言葉の範囲を確定してゆく上で、その範囲が拡大したり、縮小したり厳密でない点。

解説

(1)「それ」は「イデア」を指している。第一段落の「理想的な『椅子』があるのか」を受けて、第二段落には「イデア」は眼にはみえないが、「地上の不完全な『椅子』を椅子と捉えるように働いている」とある。また、「イデア」の意味は「形」とも説明されているので、「見本の形＝モデル」と考える。

(2)「跋扈する」とは、「のさばる」という意味。　(3)直前の二つの文に着目する。高校時代のドイツ語の先生の話を「厳格主義者」の例として挙げており、その話を受けて、厳格に訳せていないのに外国の小説や日本の古典が読めたりすることを指している。　(4)「いい加減さ」の例は次の第六段落に書かれている。名付けは言葉の獲得を表し、名付けることで言葉の意味の範囲を確定していく。子どもを例に挙げているが、その行為は適当で「いい加減」であることがわかる。

3 日本古代文学史　(8～9ページ)

西郷信綱《さいごうのぶつな》…一九一六(大正五)年～二〇〇八(平成二〇)年。大分県生まれ。日本文学者。東京大学文学部卒業。横浜市立大学教授、法政大学教授、ロンドン大学教授を歴任。『古事記』をはじめとする古代文学研究史に大きな足跡を残した。主な著書に、『古事記注釈』『古典の影』などがある。

出典…『日本古代文学史』(岩波書店)〈序　古典とは何か〉から抜粋。日本の古代文学史を「神話と叙事詩の時代」「抒情詩の時代」「物語文学の時代」に分け、古代文学の全体像の解明を図ったものである。

読解のポイント　古典を学ぶ意義はしばしば議論のテーマとなりますが、このときよく指摘されるのが、「古典の普遍性・永遠性」です。「千年以上読み継がれてきた古典には、日本人の普遍的な美意識が表れている」という論調ですが、筆者は本文で、古典の永遠性を盲目的に受け入れて賛美する姿勢を批判し、古典から享受するものは時代とともに変わってゆくものであると述べています。

たとえば『奥の細道』(松尾芭蕉)で、奥州藤原氏についての内容を読むとき、戦前の日本人であれば、主君のために散った人々の姿に滅びの美学を見出し、それが戦争への推進力を生み出したかもしれません。一方で、現代のわれわれは、人間の命のはかなさと、どれほど時が過ぎようとも変わらない自然の姿との対比に、深く心を動かされるでしょう。このように、名作と呼ばれる古典からわれわれが得られるものは、時代とともに変化しているのです。時代が移り変わるにつれて、以前ほど読まれなくなった作品もあれば、逆に改めてクローズアップされる作品もあるでしょう。われわれが求める作品も変化し、その解釈も変わっていくことこそが、どれほど長い時を経ても読み継がれる古典の魅力であり、古典を学ぶ意義でもあるといえます。「過去にぞくするとともに現代にもぞくする」古典に、今後われわれはどのように触れ、学んでいくべきか、筆者の考えを読み取りましょう。

解答

漢字 a 矛盾　b せんざい　c 凍結　d しゅうち　e 一筋縄

(1) それ以前の～ら出てくる

(2) (例)古典には普遍的な魅力や価値があるという考えにとらわれ、感銘を受ける作品や享受する中身が時代の移り変わりやわれわれ自身の変化によって変わるということに気づかないこと。

(3) **イ**　(4) **ウ**

(5) (例)現代のわれわれの手持ちではないものの、持ちたいと欲する新しい何かが潜在していることを感じさせ、私たちに訴えかける力を持つもの。

解説

(1)「文学」には、「あるものを失うことによってあるものが得られる」という矛盾があるというのが筆者の考えである。これを説明するために対比されているのが、冒頭で挙げられた「もろもろの機能や要素を……出てくる」というあり方である。　(2)「それ」は、直前の「古典の永遠性」を指し、古典の魅力や価値が普遍的なものであると認識することを意味している。それにより、古典との関わり方が変化するという当たり前のことに気づかないことを、筆者は「陥穽」であると述べている。　(3)「年少時の文学経験」に羞恥を抱くようになるのは、当時は自分の世界の中で至高であったものの、成長するにつれて、幼さや未熟さが自身の目に明白に見えるようになるからである。つまり、「自己の位置」が「絶対化」できないものだということを、この経験から実感できるということになる。古典についても、何を読み、そこから何を享受するかは、一人の人間の中でも普遍のものではないということである。　(4)直前に「つまり」という言葉があることに注目する。「何をどのように古典として設定するか」を言い換えているので、「何を」「どのように」に対応する語句が空欄に入る。　(5)同じ段落で、筆者は「古典」を「過去と現代のあいだ」に属すると述べ、「古記録」と区別している。両者の違いは、過去の遺物ではなく、現代の我々にも「文学として訴えて」くる力を持っているかどうかという点にある。訴えてくる内容については、最初の段落に注目すると、古典の魅力として、「われわれの手持ちでない、だが持ちたいと欲する新しい何か」が「潜在している」ことが指摘されている。

4 人と人との間 (10〜11ページ)

木《き》村《むら》敏《びん》…一九三一(昭和六)年〜二〇二一(令和三)年。朝鮮慶尚南道生まれ。精神病理学者。京都大学名誉教授。京都大学医学部卒業。一九六一年より二年間ミュンヘン大学精神科、一九六九年より二年間ハイデルベルグ大学精神科に留学。名古屋市立大学医学部教授、京都大学医学部教授、龍谷大学国際文化学部教授を歴任。河合文化教育研究所主任研究員や研究所所長、京都博愛会病院顧問などを務めた。著作は『木村敏著作集』全八巻(弘文堂)にまとめられている。

出典…『人と人との間』(弘文堂)〈Ⅳ 日本語と日本人の人間性〝一人称代名詞と自己意識〟〉の一節。本書は精神病理学の目を通して、日本人に特有な憂うつ症、対人恐怖症、貰い子妄想などと、日本の風土とのつながり、また対人関係における相互規定の問題などを、義理・人情、恥、「甘え」概念に言及しつつ明らかにした。

読解のポイント　全体で強調しているように、言葉は単なる道具ではなく、その言葉を使う人びとの世界観を表しています。本文の筆者は「人称代名詞」に注目して、その中に日本語の特徴を見ようとします。筆者の言葉を借りれば「日本人と西洋人とのものの見方、考え方のソウイは、なによりもまずこのような自己および他者の主体性のありかたのソウイに基づいていると考えられる」ということになります。まずはこの点をしっかりと押さえておきたいところです。

解答

漢字　a 見地　b 相違　c 密接　d 自明　e 事態

(1) A **ウ**　B **ア**　C **エ**

(2) ・自分がつねに変わらぬ自分であり続けること(20字)
・自分がいつも同じ自分であること(15字)

(3) 自分の名前　(4) 一人称代名詞　(5) **ウ**

解説

(1) Aは後に続く文の文末が「からである」と理由を示しているので、選択肢から選べるものは限定される。Bは後に続く文と逆接の関係でも文意は通じるが、選択肢にないので、話を継続させる**ア**を選ぶ。Cは後に続く文が前文を受けて説明し直しているので、**エ**を選ぶ。(2)「自己同一性」を解釈すれば、自己＝自分、同一＝同じであること、性＝性質、となる。これが理解できれば、該当箇所は比較的容易に見つかるだろう。(3)少し前に「『私』とか『ぼく』とかの抽象的な代名詞」とある。これを押さえれば、設問の「具体的な固有名詞」が何を指すかは理解できるだろう。(4)直前の「つまり」以下の部分を押さえる。固有名詞＝名前、に対応する表現となる。(5)筆者は、子供が一人称代名詞の意味を理解するのは「自明のことではない」と言っている。まずは「自分自身がいかなる形においても言語的に表出されることがない」時期、次に、「自分自身を具体的な固有名詞で名指す時期」という順番で、一人称に対する理解はその後となる。よって、**ウ**の説明が筆者の主張とは異なる。

5 日本語が亡びるとき（12〜13ページ）

水村美苗《みずむらみなえ》…一九五一（昭和二六）年〜。東京都生まれ。小説家・評論家。十二歳の時に渡米し、後にイェール大学でフランス文学を専攻。その後、プリンストン大学、ミシガン大学、スタンフォード大学などで日本近代文学を教えるかたわら、日本語で小説を書き始める。夏目漱石の未完の小説『明暗』の続きを書いた『續《ぞく》明暗』で芸術選奨新人賞を受賞し、その後も小説・評論集で多くの賞を受賞。主な著書に、『本格小説』『母の遺産—新聞小説』などがある。

出典…『日本語が亡びるとき—英語の世紀の中で』（筑摩書房）〈三章 地球のあちこちで〈外の言葉〉で書いていた人々〉の一節。現代を、英語が普遍語となり、日本語が岐路に立たされている時代であると位置づけ、日本語の将来を考察する。第八回小林秀雄賞受賞。

読解のポイント 「鋤と鍬」や、「図書館」の例を挙げながら、無文字文化が文字文化に転じる過程について述べた文章です。世界には、現代でも文字をもたない民族・社会が存在し、その構成員は数万人にも及ぶといわれています。日本人も、かつては文字をもたない民族でした。縄文土器にも文字らしきものが描かれていますが、当時の日本人がこれを文字として認識していたかは不明です。単なる模様として捉えていたかもしれません。筆者も指摘しているとおり、「無文字文化が文字文化に転じるのは、たんに文字が伝来するからではない」のであり、それを意味のある情報として「読む」ことに、「〈書き言葉〉の本質」があるのです。筆者はこのようにして、外の言葉が読める「二重言語者」が、「〈書き言葉〉で書かれた〈図書館〉へと出入りできるようになる」ことを、文字文化の誕生であると位置づけています。辞書などももちろんない時代において、手さぐりで異国の文字を読み解いていくのは気の遠くなるような作業であったでしょう。当時の二重言語者の、あくなき探究心や向学心に思いを馳《は》せるのもよいかもしれません。

解答

漢字 a いな　b 誕生　c 交易　d 異端　e ふところ

(1) ①（例）外から入ってきた他国の文字。
②（例）他国の文字を使って、自分たちの言葉を文字で書き表すこと。

(2)（例）ふつうの宝物は存在するだけで価値を持つのに対し、巻物はそこに書かれている文字を理解し、読まれることによってはじめて価値を持つという違い。

(3) **ウ**　(4) **ア**

(5)（例）無文字文化であったところに文字が伝来し、その文字によって書かれた書物が読めるようになる二重言語者が誕生して、文字文化へと転じること。

解説

(1)直前で述べた「外から文字が伝来するや否や……文字文化の仲間入りをする」という表現について、たとえを用いて説明した部分である。「鋤や鍬」は、伝来してくるものなので、他国から入ってくる文字にあたる。また、「畑を耕す」

は、「文字とやらを使って〈自分たちの言葉〉を書いて」みる行為にあたる。(2)たとえば宝石などの宝物は、それ自体の存在に価値があるのに対し、巻物は、「読むという行為がなければ……羊皮紙や紙でしかない」ことが指摘されている。(3)続く二つの段落に注目する。ここでいう「図書館」が、「蓄積された書物の総体」であることを押さえて読み取る。(4)具体的な建物としての図書館ではなく、書物が多く集まっていることを「抽象的」に表した表現である。「象徴的」と迷ったかもしれないが、「象徴」は、目に見えない思想や概念などを、具体的なものにおきかえてわかりやすく表現することなので、逆の内容となる。(5)「歴史のなかで、無文字文化が文字文化に転じたときに使う表現」といったん定義したうえで、これでは正確ではないことが指摘されている。「たんに文字が伝来するから」ではなく、どのような過程が必要なのかを読み取る。

6 語感 （14〜15ページ）

中村明《なかむらあきら》…一九三五（昭和一〇）年〜。山形県生まれ。国語学者。早稲田大学名誉教授。早稲田大学教育学部卒業。国立国語研究所室長、成蹊大学教授、早稲田大学教授などを歴任。早稲田大学日本語研究教育センター所長、早稲田大学国語学会代表委員、日本文体論学会代表理事なども務める。主な著書は、『日本語レトリックの体系―文体のなかにある表現技法のひろがり』、『文章プロのための日本語表現活用辞典』など多数。

出典…『センスある日本語表現のために―語感とは何か』（中公新書）〈Ⅱ語感とは何か〉の一節。本書は様々な角度から「語感」という説明しづらい言葉に光をあて、豊かな言語生活を楽しむヒントを提供するものである。

読解のポイント

「語感」という言葉は何となくのイメージはありますが、改めて定義をしようとすると、定義しにくいことばの一つです。本文の筆者は学者として、厳密に「語感」を二種類の意味に定義しようとします。その説明はやや難しいものとなっています。「語感」には二種類の意味があり、「あの人は語感が鋭い」や「このことばは語感が悪い」などが例文として挙げられています。これらの例文から「語感」の二種類の意味の説明が理解できるかが鍵となります。

解答

漢字　a 執筆　b 配慮　c 漠然　d 結局　e 一括

(1) ①(例)言外に深い意味がひそんでいること。
②(例)「語感」の意味の説明として使った「ニュアンス」ということばの意味が漠然としていて、感覚的である点。

(2) A 違い　B 感覚　(3) エ

(4) (例)あることばから受ける特定の印象。

(5) C キ　D イ　E ウ

解説

(1)①よく目にする四字熟語であるが、改めて意味を尋ねられると案外答えにくい。日頃から辞書を引くなどの習慣を付けたい。②直後の「分析的でなく感覚的だからである。」の理解が鍵となる。(2)文脈をしっかりととらえること。特に「『語感』のほうも」の「も」に着目したい。この言葉は同様のことがらを並べて挙げる場合に使われる。この場合、「語感」の類義語は「ニュアンス」なので、A・Bとも「ニュアンス」を説明した「それが何をさすかという点での微妙な違いと、……なんらかの感じ」に対応していると分かる。(3)仮に意味がわからなくても、文脈の中で当てはめてみれば容易な問題であろう。(4)後に続く「『語感』の第二義」の例文をうまく参考にするとよい。ともに、「におい」からイメージされることがらが言葉にできるかどうかが問われる。(5)文脈理解の問題であるが、「語感」を具体的な単語で説明しようとしている。つまり「美人」と「佳人」、「顔」と「つら」の比較である。この中で最初に入りやすいのは、Dの「普通」という言葉で、そこから、選択肢を見ながら考えたい。

7 作家の手帖《てちょう》 （16～17ページ）

太宰治《だざいおさむ》…一九〇九(明治四二)年～一九四八(昭和二三)年。青森県生まれ。小説家。東京帝国大学仏文科に入学後、井伏鱒二に師事する。三八歳で死去。代表作として『富嶽百景』『斜陽』『人間失格』などがある。

出典…『作家の手帖』の一節。

読解のポイント 題名にもあるように、太宰治自身が日々の中で思いつくまま手帖に記したことが書かれてあります。よってこの文章も、心の中で思ったことが延々と綴られている形になっています。「火を貸してください」と言われたことについての「私」の気持ちやその理由が何度となく書かれているので、正確に読んでいけば心情をとらえやすいでしょう。随筆では、出来事を通しての筆者の感じ方や考え方を読み取ることが重要になってきます。筆者独自の視点からなる細やかな感情描写や鋭い観察などを押さえ、筆者の言葉遣いや比喩にも注意しながら読み進めていくようにしましょう。

解答

漢字 a 恐縮 b 領域 c おおげさ d 依頼 e 会釈

(1) 挨拶の下手な男

(2) ア

(3) (例)人から煙草の火を借りた(11字)

(4) 窮

(5) (例)マッチや軸木という自分の所有物を相手に分けることで、「すみません」と言われるに値すると考え、冷静になれるから。

解説

(1)本文の中で、「私」が自分自身を「挨拶の下手な男」であるから、人からお元気ですかと問われてもまごついてしまうと述べられていることに着目する。

(2)「元気」の意味を延々と考えた直後の文に、その理由が書かれている。

(3)「人から火を借りた」時と、「他人に煙草の火を貸した」時のことが、対照的に挙げられ、比較されていることから考える。「けれども逆に」という語句がヒントになる。

(5)まずは、「そんな時」とはどんな時かを明らかにする。火を貸すという行為を「自分の所有権が、みじんも損われないではないか」と考えていることから、所有物を損なわれることになったほうが、お礼を言われても納得し、冷静になれるのである。

8 「白足袋」と「白い手袋」の間 （18～19ページ）

村上陽一郎《むらかみよういちろう》…一九三六(昭和一一)年～。東京都生まれ。科学史家・科学哲学者。東京大学教養学部卒業。東京大学教授を経て、国際基督教大学教授、東洋英和女学院大学学長などを歴任。近代科学への盲目的な信頼を否定した独自の視点から、科学史・科学哲学にアプローチする。

出典…『文明のなかの科学』(青土社)〈第Ⅲ部 近代の解釈とそこからの離脱 9弁証法へのアンビヴァレンツ〉から抜粋。

読解のポイント 翻訳をめぐる問題を考察した文章です。本章では「言葉をめぐる思想」のテーマの下、言葉に関する様々な問題を集めてきました。言葉について考えるとき、翻訳の問題は避けて通れない問題ですし、二つの言語を比較することにより、一つの言葉だけでは見えにくい言葉の特質が明らかになる場合が多い、というのが再び翻訳の問題を取り上げた理由です。

本文では、太宰治の小説の英訳をめぐる問題を取り上げます。第一段落で、「白足袋」を《white gloves》と英訳したことを、「『良質の翻訳』の例」として紹介しています。この例がなぜ「良質」なのかをしっかり押さえることが大切です。筆者は「良質」と断言する理由を「翻訳者は、そこで、英語を話す共同体のなかでそれと同じ役割を果たしていて、しかも極端に『白足袋』から離れることのない単語を、英語のなかに捜し当てた結果が『白い手袋』ということになったのであろう」と考え、「そのような配慮と手続きとは、翻訳者として完璧」と説明します。この説明を自分の言葉で理解できるかが一つめのポイントです。しかし筆者の考察はそこにとどまらず、その先にある問題を明らかにします。そのことを述べた、文末の「自分たちの特別、特定の意味の空間の歪みとは異なった別の歪みがあることには気付かないし、したがって、自分たちが特別・特定の意味の空間のなかでニンシキを得、行動していることにも気付かないことになってしまう」を理解することがポイントの二つめとなります。

解答

漢字 a 実例 b 操(る) c けっぺき d 認識 e 奇妙

(1) (例)ものごとの中心となる大事なこと。

(2) (例)中年男性が白足袋を履くと言えば、その男性が「やや過度に亘る潔癖感、強い自意識、スクエアな美学」の持ち主であると暗黙の裡に諒解されること。

(3) エ

(4) (例)言葉をそのまま翻訳するのではなく、その共同体の中でそれと同じ役割を果たしていて、あまり意味が異ならない言葉への翻訳。

(5) (例)「白足袋」を「白い手袋」と英訳することで、英語の共同体では違和感なく受け入れられるが、日本語の言語体系のなかで「白足袋」が持つ意味や価値観には、気付かないから。

解説

(1)「核」には、ものごとの中心という意味がある。 (2)「中年の男性が……意味と価値とが生まれる」という部分をまず押さえる。「判る」のは「意味と価値」の具体的な内容なので、「やや過度に」以降の部分を参考にしてまとめる。

(3)直訳的には、白足袋= white socks だが、後に続く「『白いソックス』は、英語圏では、むしろ『若い、青臭い、学生風、カジュアル』など、およそ『白足袋』とはかけ離れた意味合いを示すものだからである」に着目する。

(4)前段落の「そのような配慮と手続きとは、翻訳者として完璧と言うほかはない」に着目する。「配慮と手続き」の具体的な内容を考える。 (5)前に「言い換えると」とあるので、さらにその前の部分が設問と同内容となる。日本語の「白足袋」を英語としての「白い手袋」に置き換えた場合の筆者の言う「歪み」とは何かを考える。

章末問題 意味の構造 (20〜23ページ)

井筒俊彦《いづつとしひこ》…一九一四(大正三)年〜一九九三(平成五)年。東京都生まれ。言語学者・イスラム学者・東洋思想研究者。ギリシャ思想、ギリシャ神秘主義と言語学の研究に取り組み、ギリシャ語、アラビア語、ヘブライ語、ロシア語など多くの言語を習得・研究した。アラビア語を通じてイスラム思想の研究も行い、一九五八年に『コーラン』の邦訳を完成させた。井筒訳の『コーラン』は言葉に関する厳密な言語学的研究を基礎とした優れた訳として、現在にいたるまで高い評価を受けている。『コーラン』邦訳の他にもイスラム思想、特にペルシア思想とイスラム神秘主義に関する数多くの著作を出版したが、自身は仏教徒で、晩年には研究を仏教哲学、老荘思想、朱子学などの分野にまで広げた。

出典…『意味の構造』旧版〈序章 言語と文化〉の一節。

読解のポイント 第1章の最初の問題で「言葉はその言葉を使う人たちの世界観に深く関わる」ということを説明しました。そしてこの章末問題をひと言で要約するならば、やはり同じ説明がふさわしいでしょう。文章量は二倍強になり、使われている用語の難易度もやや高くなっていますが、先の基本が繰り返された文章と言えます。この基本線を押さえた上で、各設問に臨めば、それほど難しい問題だとは言えないでしょう。

解答

(1) ウ (2) 無限に複雑〜を評価する (3) ア

(4) (例)我々は、テーブルを形状ではなく、機能で類別するので、違った形のテーブルを見ても機能の点では同じテーブルであると判断するから。

(5) ⑤はんちゅう ⑥しい ⑦しりぞ

(6) (例)言語は各社会に固有の精神態度が具体的に表れたものだから。(28字)

(7) エ (8) レッテル (9) エ

解説

(1)読解のポイントで述べた「言葉はその言葉を使う人たちの世界観に深く関わる」の言い換えが、後に続く「そのようなものは無限に複雑な自然物を見、それらを秩序づけ、様々な目的に従ってそれらを評価する人間の目から見るときにのみ存在し得る」であることに気付くことがポイントである。これが理解できれば正解は限定される。

(2) (1)参照のこと。 (3)本問も内容的には、(1)・(2)と同様の問題となる。 (4)後に続く段落で「先の table という語の場合、そこでとられる特別な視点は実際上の効用を目的とする見方であり、円とか四角とかいう形態の規準は無視され、円いテーブルも四角のテーブルも同一の目的のために作られたものであるということの故に、両者とも table と分類されてしまう」とあり、ここが解答としてふさわしいが、後は設問の指示に従い、簡潔にまとめることが必要。 (6)傍線部の後の「このことをつきつめると……」の部分が解答に該当する。 (7)**ア**翻訳の難しさは言語の種類に由来するのではない。 **イ**「客観的に」が本文の主旨に合わない。 **ウ**翻訳の難しさは単にそれらの言葉が「概念の反映である」からではない。 **エ**(6)の問題と重なるが、翻訳の難しさは「社会に固有な独特の精神態度」の相違に由来するのである。 (9)**ウ**と**エ**の区別がつきにくいかもしれないが、**ウ**の「個人の主体性」が本文での主旨に合わない。本文では「個人的ではなく、社会的である」と説明されている。

第2章 — 現代社会を問う

9 現代日本の死に至る病 （24〜25ページ）

坂東《ばんどう》眞砂子《まさこ》…一九五八（昭和三三）年〜二〇一四（平成二六）年。高知県生まれ。小説家。奈良女子大学卒業後、イタリアに二年間留学し、インテリアデザインを学ぶ。帰国後フリーライターとして働きつつ童話を発表。昭和五七年、第七回毎日童話新人賞優秀賞を受賞。その後、全年齢を対象とする一般小説に転向。平成六年、『蛇鏡』と『桃色浄土』が、上期・下期と連続して直木賞候補に。同八年、『桜雨』で第三回島清恋愛文学賞受賞。同年、『山妣』で第百十六回直木賞受賞。同一四年、『曼荼羅道』で第十五回柴田錬三郎賞を受賞。

出典…『日本経済新聞』〈二〇〇二年七月七日掲載〉の一節。

読解のポイント 構造改革が叫ばれていた当時、改革に対する賛否が分かれ、遅々として進まない状況でした。原因は様々あると考えられていますが、その根底には本文で筆者が主張するように、日本型共同社会の呪縛（人を精神的・心理的に縛り、自由をきかなくさせること）があったのではないでしょうか。筆者はそれらにまつわる諸問題を「死に至る病」という言葉で表現しています。つまり西欧においては「個人」に還元されるべき問題が、「誰もが社会に欠かせぬ一員であるという、強い共同体意識」の中で隠蔽されてきたのです。しかし経済不況で明るみに出た失業者問題により、日本型の共同体社会と個人主義を基本とするビジネスの対立という「死に至る病」が浮上してきました。この言葉の意味内容の理解が本文読解の鍵となります。そして筆者の文末の言葉、「個人で考えなくてはならない時代に入ってしまっているのだ」は、特に若い君たちには心に刻まなければならないものとなるでしょう。

解答

漢字 a 導入 b 巧妙 c 扶養 d 急激 e 過酷

(1) A **エ** B **カ** C **ア**

(2) （例）日本人は、誰もが社会に欠かせぬという強い共同体意識を持っているので、失業者を個人の問題に還元できないから。

(3) （例）解決方法（4字）

(4) 家族の誰にでも、村の誰にでも、役割があった社会

(5) Ⓐ× Ⓘ× Ⓤ○ Ⓔ○

解説

(1)A文脈から逆接の語句も入るが、選択肢にないので、次のことがらを説き起こす**エ**を選ぶ。 B前後の文の文脈を考える。特に後の「しかし」に対応した

ものを選ぶ。　C前文で述べた内容より、適切だと思う内容を示す。　(2)日本型社会とビジネスの対立という本文の主旨を考えること。そしてそれぞれの用語を定義すれば、解答は得られるだろう。　(3)辞書には第一義として「医師が患者に与える薬の名・分量などを書いて指示したもの」とある。薬の目的を考えれば、本問の解答である第二義も類推できる。　(4)同意の箇所は何箇所かあるが、設問に「どのような『社会』か」とあるので、解答にふさわしい場所は限定されてくる。「社会」という語で結びたい。　(5)あ個人の問題として把握していないので、種々の問題が生じている。　い日本人のビジネスの手法の長所云々は、言及されていない。　う全体の主旨に合う内容となっている。　え「ビジネスとは、他者との間に成り立つべきものだ。それを共同体意識の内で行おうとしたところに無理がある。しかし、義理人情で繋がった取引、終身雇用制などによって、その無理を通してきた」などが該当箇所となる。

10 手づくりの豊かな文化 (20〜27ページ)

福井貞子《ふくいさだこ》…一九三二(昭和七)年〜。鳥取県生まれ。絣《かすり》染織作家。日本女子大学(通信教育)家政学部卒業。大阪青山短期大学講師を経て、倉吉北高等学校教諭、同校倉吉絣研究室主事をつとめた。日本工芸会正会員。本文にあるように、絣の収集保存に尽力している。

出典…『織り出された女たちの生　木綿絣を収集して40年余』(朝日新聞社)から抜粋。本書には絣、縞《しま》、染め、織りなどをめぐる素朴で豊かな伝承と、女たちの悲哀の歴史が書かれている。老女たちからの聞き書きと膨大な遺品・資料から、手づくりの木綿・絣文化を掘り起こし、日本近代の木綿・絣の盛衰を生きた証言によって綴る。

読解のポイント　本文は平易な表現で語られているため、一つずつポイントを押さえることが重要となります。第二段落の「その話を聞いて」「ハッと気づかされた」ことがまずは大事なポイントです。「その話」とは、第一段落で老女が語った自分の過酷な労働体験です。そしてこのことが大きな契機となって筆者の収集が開始されました。その筆者の思いを把握して読み進めていけば、設問も難易度はそれほど高くないと言えるでしょう。

解答

漢字　a 精巧　b 赤貧　c 携帯　d 縮図　e 託(される)

(1) ①(例)染物屋　②(例)紺屋の白袴(紺屋の明後日)

(2) (例)織ることによって心を癒やされ、辛酸な労働と苦しい生活を耐え抜いてきた。(35字)

(例)織ることによって家族の生活を支え、手づくりの豊かな文化を伝えてきた。(34字)

(3) デザイナー(5字)　(4) 人が着て

解説

(1)①読み方は、「こんや」または「こうや」。本文にもあるように昭和四〇年を境として、どんどん転職・廃業したので、なじみは薄いかもしれない。

②読みがわかれば、ことわざは耳にしたことがあるのではないか。「紺屋の白袴(こうやのしろばかま)」＝その道の専門家でありながら仕事などで忙しく、自分のことをかまう暇がないことのたとえ。　(2)読解のポイントにもあるように、筆者が織物収集をはじめた契機になった「ハッと気づかされた」がヒントとなる。二つのことを字数通りにまとめられるかが鍵。　(3)「豊かな発想」「豊かな文化」といった言葉から、筆者が老女たちのことを創造者として認めていることを読み取る。　(4)読解のポイント参照。

11 太宰治が支持されている理由 (28〜29ページ)

安藤宏《あんどうひろし》…一九五八(昭和三三)年〜。東京都生まれ。日本文学研究者。東京大学文学部卒業。上智大学に七年間勤務した後、一九九七年より東京大学大学院人文社会系研究科助教授、二〇一〇年より教授。専門は日本の近代文学。太宰治の自意識過剰の饒舌体に着目するところから出発し、そのような文体が育まれていく必然性を近代文学の展開の中で明らかにすることに主眼を置いてきた。筑摩書房国語教科書編集委員。

出典…『太宰治　弱さを演じるということ』（ちくま新書）〈第二章　メタメッセージの希求「客観性」の持つ欺瞞・メタメッセージの希求〉の一節。本書は没後既に五十年以上、なお太宰治の小説を手にする若い読者が多い中で、いつの時代にも若い読者を引きつけてやまぬその秘密はどこにあるのかを、新しい視点で描き出した。

読解のポイント　太宰治は好き嫌いのはっきり分かれる作家であると言われています。その理由をきちんと説明するのは難しいのですが、筆者は新たな視点で、その難問に挑んでいるようです。情報過多な現代にあって、それゆえ「本音」の情報が求められていると筆者は言います。そしてその「本音」を太宰治の表現に求めているのだというのです。このように考えてみると、「人間失格」の有名な冒頭「恥の多い人生を送ってきました」に引き込まれる読者が多い理由もわかる気がしますね。

解答

漢字　a 希求　b 頻出　c 折衷（折中）　d 署名　e 際（だった）

(1) 本音

(2) （例）主観的な判断であるにもかかわらず、客観性があるかのように表現されているので、かなり危険であると評価している。

(3) A 博　B 耳

(4) （例）商品や会社の本音や裏事情を知らされることで、安堵し、その話に耳を傾け、その会社に私的な連帯感を抱くことになるから。

(5) （例）送り手の秘密の情報が受け手にこっそりと与えられることで、情報の送り手と受け手が、あたかも信頼関係が結ばれたかのような錯覚に陥ること。

(6) （例）他人と本音で付き合うのが難しい中、太宰が発信する作者の秘密をこっそりささやきかけるようなメッセージに人びとは擬似的な連帯感を抱けるから。

解説

(1)傍線部の後に続く「キキュウがかえって強まっているのではないだろうか」と、第二段落末の「匿名の情報の洪水の中で、今ほど発信者の顔や『本音』が切実に求められる時代もないのである」は、対応した表現となっている。(2)後に続く「客観の衣を被ったこうした主観的判断ほど危ういものはないのである」から、批判的に評価していることを押さえる。(3)慣用的な表現の問題。Aは用例として「好評を博す」などが挙げられる。「得る」という意味。Bは「傾ける」と組み合わさると、人の話をじっくり聞くという意味になる「耳」が入る。(4)ポイントとなる言葉は四つ。「裏事情」「本音」「安堵」「連帯感」これらの言葉をうまく組み合わせる。(5)「共犯関係」は「秘密を分け合うこと」。そしてそれによってつくられた関係が「擬似的」ではあるが、「プライベートな連帯感」を抱けるという構図となる。「擬似」は辞書には「本物と区別がつきにくいほど似通っていること」とある。(6)現代の読者は「孤独」であり、それを癒やすのが太宰の文学表現であるということが大枠となる。

12 不可能性の時代 （30～31ページ）

大澤真幸《おおさわまさち》…一九五八（昭和三三）年～。長野県生まれ。社会学者。東京大学文学部卒業。東京大学文学部助手、千葉大学助教授、京都大学大学院教授などを歴任。主な著書に、『〈自由〉の条件』『社会は絶えず夢を見ている』などがある。

出典…『不可能性の時代』（岩波新書）〈Ⅳ　リスク社会再編〉の一節。戦後日本の精神史をたどり、「現実からの逃避」ではなく、「現実への逃避」を試みる現代の若者にスポットを当てて、閉塞的な現代社会だからこそ行うべき普遍的な連帯の可能性を探る。

読解のポイント　リスク社会における、リスクとの向き合い方について述べた文章です。昨今の新型コロナウィルス感染症の大流行においても、われわれは世界的な規模で、このようなリスクに関する選択を迫られました。リスクを抑えることを優先し、社会活動を完全に封じてロックダウンを行う国があった一方で、リスクよりも経済活動を優先し、緩やかな対策に留めた国もありました。日本でも、リスクの大きさと、そのリスクを避けることによって生じるダメージとのバランスをどのように取るかについて、試行錯誤を重ねながら対応が検討されてきました。「リスクの低減や除去をめざした決定や選択そのものが、リスクの原因となる」「リスク社会のリスクを回避するためには、中庸の選択は無意味である」といった記述について、たとえばコロナウィルスの場合に置き換えてみるとどのようなことを指しているのか、対応させながら読んでいくと筆者の主張が捉えやすいでしょう。

解答

漢字 a 顕著 b 水没 c そうさい d 枯渇 e ちゅうよう

(1)(例)損害はきわめて大きいが、起こる確率は非常に低いという特徴。(29字) (2) ア

(3)(例)人間がリスクを低減したり回避したりすることを目的として行ったこと自体が、また新たなリスクを生み出してしまうこと。

(4)(例)リスクが起こった場合と起こらなかった場合の両方に対応しようと、中間的な対処をすれば、どちらの結果となっても中途半端な効果しか得られないから。

解説

(1)傍線部①のあとに書かれている相反する二つの特徴について、簡潔にまとめる。第三段落の「つまり」以降で短くまとめられているので、この部分を参考にする。 (2)ここで挙げられた「段階」とは、「システムの再帰性の水準が上昇し……極小化してきた段階」であり、このときに人間が行った決定や選択が、リスクの原因となる。つまり、人間が決定や選択を行わない段階では、リスクは生み出されないということを捉える。 (3)直前に挙げた「石油等の化石燃料」「テロへの対抗策」を踏まえて、リスクが「自己準拠的にもたらされる」とはどういうことなのかを捉える。この具体例が、さらにその前の「リスクの低減や除去をめざした決定や選択そのものが、リスクの原因となる」ことを説明するためのものであることにも注目するとよい。 (4)リスクは、いったん起これば大きな損害をもたらすが、実際に起こる可能性は非常に低いものである。しかし我々は、リスクが起こることを想定して回避するか、起こらないとして対応をとらないかの両極のいずれかを選択し、対処する必要がある。後の温暖化の例にもあるように、どちらの結果となってもいいような「中庸」の対処をしようとすることは「最も愚かな選択肢」であり、どちらにしても効果を得られないのである。

13 日本のデザイン (32～33ページ)

原研哉《はらけんや》…一九五八(昭和三三)年～。岡山県生まれ。グラフィックデザイナー。日本を代表するグラフィックデザイナーの一人であり、長野オリンピックの開会式・閉会式のプログラムデザイン、愛知万博のプロモーションなど、さまざまなデザインを手掛ける。主な著書に、『デザインのデザイン』『白百』などがある。

出典…『日本のデザイン―美意識がつくる未来』(岩波書店)〈2 シンプルとエンプティ―美意識の系譜〉の一節。「移動」「家」「観光」などをテーマに、「複雑」で「過剰」なものから「シンプル」へと軸足を移そうとする美意識の変化を取り上げ、未来への構想を提示する。

読解のポイント 二〇二一年度の共通テスト国語の第二日程で出題された『「もの」の詩学』(多木浩二)にも通じる文章です。われわれが日常的に使う道具や家具には、その時代の人々の思想や生き方が表れています。「複雑さ」は力の象徴であり、絢爛豪華なものや精緻な細工を施したものは、それを生み出し、使用することが可能であるという権力や財力を誇示するためのものでした。しかし、産業革命ののち、人々はものや装飾や豪華さよりも、機能性や量産性を求めるようになりました。こうして「シンプル」という価値観が生まれたのです。「時にシンプルの探求に倦んで」も、「世界はシンプルという中軸をたずさえて……動き続けている」という筆者の思想は、これまでに筆者自身が生み出してきたデザインからも明確に感じとることができます。日本人が元来もっていた「侘《わ》び寂《さ》び」や「無為自然」、「余白」といった美意識は、シンプルさを好

む現代の風潮と親和性が高いともいえるでしょう。日本のデザインが広く世界で受け入れられている一因となっているのかもしれません。

解答

漢字　a 皇帝　b へ(る)　c 即　d 魅惑　e いぶつ

(1) 2　(2) エ　(3) ア

(4) (例)椅子に座る者が、いかに権力を持っているかということを誇示する目的。

(5) (例)近代社会の到来によって、資源と人間の営み、形態と機能の関係が見直され、資源や労力を効率よく運用する姿勢に新たな知性の輝きや形の美が見出されるようになったから。

(6) イ

解説

(1)一文が、「すなわち」という接続語で始まっていることに着目する。そこから直前には、「人間が等しく幸福に生きる権利を基礎とする社会」と似たような内容があることを捉える。(2)「紋様や絢爛さの階層」とは、王やコウテイなど、権力を持った者を象徴する人工物の階層のことである。「紋様や絢爛さ」と「簡素さ」は対極の関係にあることから、力を持つこととも対極にあると考えられる。(3)「……を経る」と続いていることに着目。「紆余曲折を経る」という表現で用いることが多い。(4)「猫足の椅子」は、最初の段落で述べた「文化を象徴する人工物」の具体例である。凝った曲線や装飾によって、それをつくらせるだけの「力」があるということを誇示しようとしたのである。(5)③の直前に、「これがシンプルである」とあることから、これより前の部分に「シンプル」についての説明があると考えられる。近代社会の到来により価値の基準が変化したことで、「資源や労力を……見出されてきた」のである。(6)「目を細める」は、慣用句としては「うれしさやいとしさにより、ほほえみを浮かべること」という意味である。しかしここでは、具体的なことにとらわれず全体を見渡すことにより、流れや動きの本質を捉えようとすることを表している。①・④ともに、具体的な事象が述べられた直前部とは、逆接の関係でつながっていることに着目する。

14 忘却の河 (34〜35ページ)

福永武彦《ふくながたけひこ》…一九一八(大正七)年〜一九七九(昭和五四)年。福岡県生まれ。小説家・詩人。小説家の池澤夏樹は長男で、声優の池澤春菜は孫娘。東京帝国大学卒業後、同世代の中村真一郎、加藤周一らと文学グループ「マチネ・ポエティク」を結成した。一九五四年の長編小説『草の花』で、作家としての地位を確立。ボードレールなどの翻訳や芸術家を主題にしたエッセイでも名高い。また、加田伶太郎の名前で推理小説を書いた。

出典…『忘却の河』(新潮社)〈七章「賽の河原」〉の一節。本書は、主人公の私とその心の深淵を語るときの「彼」、理解しつつも遂にはその「彼」とは心の安らぎを得られなかった妻、感情表現の違う二人の娘である美佐子と香代子、等の独白と情景描写が次々とカットバックし、心象風景を描き出した作品である。

読解のポイント　冒頭部「妻が死ぬ数日前の或る寒い晩に」という書き出しに着目したいところです。ここからわかることは、「もう妻は死んでしまったということ」と「これからの妻との会話の部分は小説の中の時間としては回想である」ということです。そのことを頭に入れた上で妻に先立たれた「私」の心情を類推できるかがポイントとなるでしょう。さらに「私の最も痛い部分」の内容や、妻がその質問をなかなか止めようとしない心情なども読み取りたいところです。そうすれば文末で「私」がやや唐突に新婚旅行の話題を口にした理由や、妻が「あなたはやさしかったわ」と言ったときの心情が、何とも言えず心に染み入るかもしれません。

解答

漢字　a 焦点　b 一緒　c 隠(す)　d 跡取(り)　e 薄(れ)

(1) (例)私を育てた両親は血の繋がった実の両親ではなく、そのことを秘密にするように固く約束させられていたこと。

(2) ② ウ ④ ア (3) むかし囲炉〜人だった。
(4) (例)妻にとってのふるさとが海だという言葉を聞き、ふたりにとってよい思い出として記憶されている新婚旅行の海のことが、ふたりにとっての本当のふるさとのように懐かしく思い出されたから。

解説
(1)小説の全体に視野を拡げれば容易にわかるだろう。「うすうす知っていました」「そんなことちっとも隠すことはなかったのに」という妻の言葉や、「お前には水くさいと思われたかもしれないが」という「私」のいいわけが参考になる。
(2)それほど難しい語意の問題ではないが、たとえ知らなくても選択肢を文脈の中で当てはめれば容易である。「同胞」には「兄弟姉妹」の他「同じ民族」という意もある。　(3)「彼はその子供たちの一人だった」と私が回想する部分に注目する。彼＝私に気付くことも正答の要件になる。　(4)以前の「私」は自分にとってふるさとなどないと考えていたが、妻の呟きを聞いて新婚旅行で行った伊豆の海が思い出され、「ふるさと」に対する気持ちが変わったのである。

15 聞くことを忘れた現代社会　(36〜37ページ)

橋元良明《はしもとよしあき》…一九五五(昭和三〇)年〜。京都府生まれ。社会心理学者。東京大学文学部卒業。東京大学大学院情報学環教授などを務め、現在は東京女子大学現代教養学部教授。

出典…『聞くことを忘れた現代社会』(『言語』一九九六年二月号掲載)。

読解のポイント　聞くことと現代社会の関わりについて書かれた文章です。まず、キーワードとなる言葉「声の文化」「文字の文化」「聞く」について整理しておきましょう。
人類は最初「声の文化」だけで生きてきました。その後、書字文化が成立し、印刷術の発明によって発展した文化を「文字の文化」としています。その後ラジオ・電話の発展とテレビの普及初期までを「第二次声の文化」とし、テレビの普及によって「声の文化」が終了したと筆者は述べています。なぜ声の文化が終了したといえるのか、「聞く」ということにどのような変化が起きたのか。テレビの持つ特性を考えながら読んでいくことで、要旨をつかむことができるでしょう。

解答
漢字　a 庶民　b 飛躍　c 基礎　d 熱狂　e 元祖
(1) (例)むだに長いこと
(2) あ○　い○　う×　え×
(3) 常に相〜ること
(4) (例)メディアからの情報量が多いと、一時に処理できなくなり、映像情報の処理が優先されること。
(5) (例)声の文化は人々が音の世界に没入していたのに対して、テレビの文化は映像が優先され、「聞く」ことに集中しなくなる点。

解説
(1)「冗長」の意味は「文章などがむだに長いこと」。対義語は「簡潔」。
(2)第二段落に、「ラジオの発展、電話、テレビの普及初期までは」人々が集団で音の世界に没入していたということが述べられている。　(3)モニタリングの意味は「監視すること」。　(4)第三段落の後半に、「いくつかの知見」とあり、テレビのような「メディアからの情報が多彩」な場合の傾向について書かれている。　(5)声の文化と、テレビを中心とする文化の特徴をそれぞれ比較する。

16 疑似科学入門　(38〜39ページ)

池内了《いけうちさとる》…一九四四(昭和一九)年〜。兵庫県生まれ。天文学者・宇宙物理学者。京都大学理学部卒業。国立天文台教授、大阪大学理学部教授などを歴任。世界平和アピール七人委員会の委員。

出典…『疑似科学入門』(岩波新書)(「第三章　疑似科学はなぜはびこるか

1科学へのさまざまな視野」〉の前半部分。

読解のポイント この文章の第一段落では、最近科学に対して批判が増えてきていることを話題に出し、欠点のみに視線が集中している傾向にあることを示しています。この最近の科学批判に対して、筆者はどのような意見を持っているか、正しく読み取らなければなりません。批判を受け止めつつ、科学者はどのような態度をとらなければならないか、また一般人はどのような姿勢でいるべきか、筆者の考えが書かれた文章を丁寧に読んでいきましょう。

「自分を安全な立場において一方的に科学批判だけをする態度」は社会に確実に悪影響を及ぼすので、それを回避するために、科学者も一般人も意識改革をすべきだと筆者は訴えています。

解答

漢字 a 満喫 b 倒錯 c 陥(って) d 起因 e 遺産

(1) (例)現代科学が原因と思われるような問題がたくさん発生し、科学がもたらす未来に不安を感じているから。

(2) あ○ い× う× え○ (3) ア

(4) (例)科学や科学者への批判を真摯に受け止めた上で反批判すべきときはすること。

(例)科学者も一般市民と同じ目線で生き、科学について共に考えること。

(5) 疑似科学(4字)

解説

(1)第一段落だけでなく、第二段落に書かれている、科学が発達することへの不安についても触れること。 (2)あ抗生物質により病気が治るようになったのに、かえって強い菌を作る結果になったという「影の部分」の例。いこれは単に日本の家電業界の不振を示しているだけである。う科学がもたらした「影の部分」の例ではなく、科学がもたらした「光の部分」の例である。え科学のおかげで安楽な生活を得た代わりに、科学によって被害をもたらしている。

(3)同じ段落に責任逃れをする一般人について書かれている。 (4)最終段落に、科学者がすべきことが二点まとめて書かれている。科学批判を受け止めつつ、事実と異なることは反論することと、科学者自身の態度を改めるべきだと筆者は述べている。 (5)「科学の代用になってしまう」ものを抜き出す。

章末問題 「キャラ」で成り立つ寂しい関係 (40〜43ページ)

鷲田清一《わしだきよかず》…一九四九(昭和二四)年〜。京都府生まれ。哲学者。大阪大学名誉教授。京都大学文学部卒業。大阪大学文学部教授、同大学総長などを歴任。主な著書に『モードの迷宮』『夢のもつれ』『最後のモード』『人称と行為』『だれのための仕事—労働vs余暇を超えて』『じぶん—この不思議な存在』『メルロ＝ポンティ』『普通をだれも教えてくれない』、学術文庫に『現象学の視線—分散する理性』などがある。

出典…『「キャラ」で成り立つ寂しい関係』(『中央公論』二〇〇二年六月号掲載)の一節。著者は哲学を難解な思想としてでなく、日常の思考や行為の中にありとする「臨床哲学」を提唱している。ここでは、われわれが身近に感じる人間関係やコミュニケーションの「感じ」を取り上げている。

読解のポイント 冒頭部「『居場所を探す』というのは、どこか痛ましい表現である」は、経験の有無に関係なく、誰もが心に響くのではないでしょうか。筆者は、それにまつわる問題についてテレビ番組や携帯電話から更に考察を深めていきます。特に便利でほぼどこにいてもコミュニケーションの取れる携帯電話の普及が、「コミュニケーション圏の縮小という現象」に繋がっているという指摘は重要です。つまり、携帯電話により広範囲にコミュニケーションを取れるからこそ、限られた人としかコミュニケーションを取らないのです。そこで筆者は、「さまざまの異文化を接触させ、交差させるようなコミュニケーションのしくみこそが、断片的な言葉だけでじゅうぶんに意が通じあうような閉じられたコミュニケーションのしくみとは別に、構築される必要がある」と主張します。そして筆者は具体的な試みとして、「哲学カフェ」を開講しています。そこでは「ひとりの『人』として言葉を交換できるような場」を目指しているのです。この筆者の試みの意味をしっかり理解することが、本文では特に重要になってきます。

解答

(1) エ　(2) A迫　C非　D停　E属
(3) ウ　(4) オ　(5) オ
(6) (例)「キャラ」によらず、ひとりの「人」として異文化の人が接触し、言葉を交換すること。(40字)
(7) ①(例)他人を理解するためにディスカッションをするのに、この目的と「気心が知れないように」という工夫とが矛盾しているから。
②(例)各人が閉じられたコミュニケーション圏の一員としてではなく、ひとりの「人」として言葉を交換できるようにするため。

解説

(1)第一段落「全体の配置のなかで他人に認めてもらえるようななにか意味のある場所を探さざるをえないからだ」に着目する。「〜からだ」と理由を示す語句があるので、これが設問の解答となる。　(2)前後の文脈を理解できればそれほど難しくない。　(3)直後の「その人がそこにいるというただそれだけの理由で、存在を認められるということとはちがう」という一文から考えれば、選択肢は限定される。　(4)「コミュニケーション圏の縮小という現象がある。コミュニケーションの媒体が進化することで逆に世界が縮小してゆくという、なんとも皮肉な現象である」の「世界が縮小」の内容把握が正解のポイントとなる。「縮小」については、第六段落末に「ひとつのコミュニケーション圏と別のコミュニケーション圏がまったく無関係に存在しているという、そういうディスコミュニケーションを表している」とある。　(5)像は「たまたま横にあるだけ」だが、顔は「対面する顔がつくりだす磁場」「まなざしの交換」が存在する。これらを考え合わせる。　(6)本文末の「『キャラ』によってではなくひとりの『人』として言葉を交換できるような場が、もっともっと構想されていい」が解答となる。後は設問の字数に合わせる。　(7)①このような「場」で一般的にする工夫を考えてみる。　②第三段落に「キャラの配置からじぶんの場所を意識するという、コミュニケーションの場の閉鎖が起こっている」とあり、筆者の「哲学カフェ」では、この問題が起こらないように「工夫」していることがわかる。

第3章　世界と日本

17　日本の近代化　(44〜45ページ)

加藤周一《かとうしゅういち》…一九一九(大正八)年〜二〇〇八(平成二〇)年。東京都生まれ。医師・作家・評論家。学生時代から文学に関心を寄せ、東京帝国大学卒業後は、医業のかたわら「マチネ・ポエティク」の一員として韻律を持った日本語詩を発表。他にも、文学に関する評論、小説を執筆。『雑種文化—日本の小さな希望』で名を知られ、『読書術』はベストセラーになる。一九五一年からは医学留学生としてフランスに渡り、主に文明批評や文芸評論を発表。以後、国内外の大学で教鞭をとりながら執筆活動を続けた。

出典…『言葉と人間』(朝日新聞社)〈海外旅行または『航米日録』のこと〉から抜粋。本書は東西の本をかわるがわる約八十編取り上げ、本全体あるいはその中の一部の言葉について評する。単なる批評ではなく、時に諧謔味《かいぎゃくみ》(ユーモア)溢れる文体で、読者を引き込む。

読解のポイント　筆者は一般にはほぼ無名に近い、玉虫左太夫の『航米日録』を取り上げて、およそ百五十年前の言説から日本の近代化をめぐる問題を読み解いています。筆者は玉虫左太夫の記述をたびたび「鋭い」という言葉で表現します。まずは「同行の日本人」に対して。それ以上に「彼の米国社会に対する観察」に対して。そして「福沢・玉虫型の書生の海外旅行には、初めからこのような鋭さがあり得たのだ」と結びます。本文では「鋭い」という言葉に注目しながら、どのような点で鋭いのかをしっかり押さえることがポイントとなるでしょう。

解答

漢字 a 奉行 b 給仕 c 分析 d 精密 e 改革

(1) 政度・形勢ヲ探究スル(10字) (2) イ

(3) ㊂エ ㊃ウ ㊄イ

(4) ①(例)その国が盛んであるのもまた理由があることだなあ
② 米国人船員相互の平等主義(12字)

解説

(1)幕末の政治情勢を考え合わせる。最初の使節団であるから、おおよその目的は想像できるが、具体的な目的を玉虫の言葉から見つけることができるかが鍵となる。 (2)明治維新後、岩倉具視が中心となってアメリカ・ヨーロッパに派遣された使節団の見聞録が『米欧回覧実記』である。著者は随行員の一人である久米邦武。他はすべて福沢の著作。 (3)㊂「安穏（あんのん）」は「無事で穏やかなこと」の意。 ㊃「粗ナル」がヒントとなる。「粗野」「粗雑」などの熟語から類推する。 ㊄前の米国船員の描写がヒントとなる。
(4)①「故」＝理由、と分かれば容易であろう。 ②解答になりうる候補はいくつかあるが、字数制限から決定する。

18 二十一世紀の資本主義論 (46〜47ページ)

岩井克人《いわいかつひと》…一九四七(昭和二二)年〜。東京都生まれ。経済学者。東京大学経済学部卒業。プリンストン大学大学院客員准教授、ペンシルバニア大学客員教授、東京大学教授などを歴任。主な著書に、『会社はこれからどうなるのか』『ヴェニスの商人の資本論』などがある。

出典…『二十一世紀の資本主義論』(筑摩書房)。〈V 時代とともに〉から抜粋。基軸通貨であるドルの価値が暴落し、ハイパー・インフレーションが引き起こされる危機に直面した世界経済に焦点をあて、今後の資本主義のあり方を考察する。

読解のポイント 「基本通貨」「インフレ」「純債務国」などの経済用語が並ぶため、苦手意識を持った人もいるかもしれません。しかし、現代文の読解は内容そのものについての理解力ではなく、筆者の主張を正しく読み取ることができる力を問うものであるため、特定の分野についての専門的な知識が求められることは、まずありません。なじみのない言葉には注釈が付けられていたり、前後を読めばその内容を推測できるようになっていたりする場合がほとんどなので、「理解できない」と諦めてしまわず、落ち着いて筆者の主張を読み取っていくことが大切です。たとえば本文でも、「シニョレッジ」という聞き慣れない言葉が出てきますが、それぞれの国の立場やそこで起こることを指摘した上で、「アメリカは……丸もうけです」とわかりやすく説明されています。アメリカと他国との立場や影響力の違いを押さえた上で、筆者が「基軸通貨国は普通の資本主義国として振る舞ってはならない」と主張する理由を捉え、二十一世紀の世界経済が抱える問題を読み取りましょう。

解答

漢字 a 回遊 b こうばい c かじょう d 失墜 e 考慮

(1) A エ B イ (2) エ

(3) (例)世界全体にインフレが起こり、基軸通貨の価値に対する信用を失って世界貿易が混乱し、大恐慌に陥ること。

(4) (例)他の資本主義国のために自己規律をもって行動していたアメリカが、かつての盟友との競争が激化すると、逆に内向きの姿勢を強めるようになったこと。(69字)

(5) (例)基軸通貨国として全世界的な責任が課せられているアメリカが、自国の利益のために普通の資本主義国のように振る舞うことによって、世界を大きな経済危機に陥れる可能性があること。

解説

(1)Aは、前の部分で非基軸通貨国について、後の部分で基軸通貨国について述べており、反対の内容となっている。Bは、前の部分で基軸通貨国が誘惑に負けると大恐慌を引き起こすという内容があり、後の部分では前の内容を理由として、基軸通貨国は普通の資本主義国として振る舞ってはならないと述べられている。　(2)非基軸通貨である日本の円と比較して、基軸通貨国のドル札にはどのような利益が期待できるのかを読み取る。　(3)「この誘惑に負けると大変です」以降に、どのような問題が起こるのかが説明されている。
(4)「皮肉」は、期待したことと違う結果になったときによく用いられる表現である。盟主として、他の同盟国のために自己規律をもって行動していたのに、その同盟国との競争のために逆に自己規律を自ら捨てる結果となったのである。
(5)「大きなアメリカ」が基軸通貨国としてのアメリカ、「小さなアメリカ」が普通の資本主義国としてのアメリカであることを捉え、これが対立することがどのような問題を引き起こすのかを説明する。

19　日本人の思考　（48～49ページ）

樋口裕一《ひぐちゆういち》…一九五一（昭和二六）年～。大分県生まれ。教育者。多摩大学名誉教授。早稲田大学第一文学部卒業。フランス文学などの翻訳を行うかたわら、予備校などで小論文を指導。現在、小論文指導ゼミナール・白藍塾を主宰。

出典…『ホンモノの思考力―口ぐせで鍛える論理の技術』（集英社新書）（第一章　二項対立思考と背伸び思考）の抜粋。本書は集英社新書の「ホンモノ」シリーズの中の一冊で、口ぐせで考え方の基本を身に付け、論理の技術を学ばせるというものである。外面から出発して初めて、中身もついてくるという思考力の磨き方を伝授するものである。

読解のポイント　「日本人の著作の論理性不足は目を覆わんばかりだ」という、なんとも刺激的な書き出しで本文は始まり、そのあとで具体例を挙げています。そこでは、「話がどんどんとずれていく」「裏づけをしないまま決めつける」等の言葉が並びます。そして、日本人が論理的な思考が出来ない原因を「二項対立的な思考」「型思考」という言葉に求めようとします。文末の『型』とは、出発点としての、組み立ての基準になる『型』だ」をしっかり押さえたいところです。

解答

漢字　a 肉薄（肉迫）　b 粗末　c 肝心　d 壊（す）　e あんしょう

(1)（例）目をふさぎたくなるほどひどい状況のこと。

(2)エ　(3)ウ　(4)エ

(5)イエス・ノ～れだろう。

(6)（例）模範や到達点としての「型」ではなく、論理の組み立ての基準になるような「型」のこと。

解説

(1)慣用的な表現の意味を問う問題である。改めて問われると説明しにくいことも多いが、第一段落の内容から考える。　(2)この場合のフシ（節）は「箇所」「注目すべき点」の意味になる。　(3)ニュースなどで耳にしたこともあるだろう。
(4)「排他性（＝仲間以外の人を受け入れない性質）の弱い」＝寛容性（＝心が広く、よく人を受け入れる性質）があると考える。　(5)直後の段落の「日本人は二項対立で考えないから曖昧になる」に着目する。　(6)本文末の「出発点としての、組み立ての基準になる『型』だ」が解答部分であるが、「わかりやすく」という設問の指示に応えるよう工夫する。「出発点」「組み立ての基準」とは何かを明らかにするために、筆者の否定する過去の教育での到達点や模範としての「型」と対比する。

20　かたちの日本美　（50～51ページ）

三井秀樹《みついひでき》…一九四二（昭和一七）年～。東京都生まれ。造形評論家。筑波大学・玉川大学名誉教授。東京教育大学教育学部卒業。玉川大学芸術学部メディア・アーツ学科教授、学校法人環境芸術学園理事などを務める。

出典…『かたちの日本美―和のデザイン学』（日本放送出版協会）（第三章　ジャポニズムと西洋文化　テキスタイルのジャポニズム）の一節。

読解のポイント　装飾は、その国や時代の美意識を象徴的に表現しているものと言えるでしょう。この文章は、装飾と装飾を作る紋様に象徴される日本文化について述べられた文章です。日本の装飾と西洋の装飾を比較しながら話は進められていきます。紋様を書く上での違い、形の違い、またその紋様をパターン化させた装飾の違いをしっかりと区別して読んでいきましょう。後半は「空間」「余白」という言葉に注目して読んでいくことで、日本と西洋の装飾への意識の違いがより明確になってきます。

解答

漢字　a 縄文　b 旋律　c 徹(して)　d 壁画　e 潜在

(1) こうした装

(2) (例)西洋の紋様は写実的だが、日本の紋様はかたちを単純化し、幾何学抽象化したかたちに図案化されるという違い。

(3) (例)紋様を部分的に施して余白を残したり、左右非対称にパターンを配置することで、空間や不規則性に美しさを感じている。

(4) あ×　い○　う○　え×

解説

(1)傍線部①は奈良・平安・江戸とその時代ごとの紋様の象徴となる花が書かれている。よって、前の段落の「時代ごとに象徴するかたちに集約され……」に一致する。　(2)傍線部②の後に書かれている内容を違いがわかるようにまとめる。西洋は「写実」に徹しているのに対し、日本は「幾何学抽象化」されたかたちに「図案化」されている違いを書く。　(3)西洋は「空間」を好まない。それに対して日本人は「空間」をどうとらえるかを考える。最終段落に日本の紋様構成を具体的に例を出して説明している。　(4)あ「聴覚的なリズム」が合致しない。　え最終段落に「全面地模様のように覆いつくすパターンも多い」とある。

21 ある神学者の話 (52〜53ページ)

渡辺《わたなべ》一夫《かずお》…一九〇一(明治三四)年〜一九七五(昭和五〇)年。東京都生まれ。フランス文学者。東京帝国大学文学部卒業。ルネサンス期フランスの人文学者であるラブレーの研究や著書の翻訳の他、フランス文学を広く日本に紹介した。その一方、大学教授として、串田孫一、辻邦生、大江健三郎ら、多くの文学者を育てた。主な著書に、『異国残照―人と思想』『文学に興味を持つ若い友人へ』などがある。

出典…『ある神学者の話』(『ちくま日本文学全集　渡辺一夫』所収)の一節。十六世紀のフランス・ルネサンス期において、宗教戦争の激動期を苦悩しながら生きた、地位も職業も異なる十二人に焦点を当て、そのうちの一人、ある神学者の生涯を追っている。

読解のポイント　「ユマニスムは批判をするだけで現実を変える力を持ち合わせない、無力な存在だ」という主張に対し、これまでのユマニストの軌跡を追い、その功績を述べた文章です。筆者はルネサンス期の新旧両教会の対立を挙げ、同じキリスト教徒が殺し合うことの愚劣さについて知らしめたユマニスムの働きの大きさを指摘しています。本文ではキリスト教圏におけるユマニストについて論じていますが、「戦いによって血を流すことをやめ、人間が正しく幸福に生きる道を模索しなければならない」というユマニスムの思想は、今なおさまざまな争いの火種を抱えている現代社会において、キリスト教徒に限定されるものではなく、誰もが考えていかなければならないテーマであるといえるでしょう。筆者がユマニストについての考察を通じてわれわれに訴えかけていることを、正確に捉えることが求められます。

解答

漢字　a 解釈　b 姿勢　c しょせん　d 鉄砲　e ぐれつ

(1) 足枷手枷　(2) ア　(3) イ

(4) (例)人間の是正や制度の矯正を行い、人間の愚劣さや非人間的な激情をおさえる力に自覚を与え、人間が正しく幸福に生きようとすることの大切さを悟らせる力。

(5) (例)経済も政治も思想も、人間が正しく幸福に生きるためのものなのに、それらの問題で争うのは、宗教をめぐる争い同様に、愚かなことだから。

(6) 弱肉強食(優勝劣敗)

解説

(1)ユマニストは、キリスト教の精神に反して、人間を制度や言動によって歪められていることに気づき、批判する存在である。このように人間を歪ませるようにおさえつけるものという意味で、「足枷手枷」という言葉が比喩的に用いられている。(2)前段落の内容をまとめる。人間は本来、深い思想を持ち、明るい人間感情や闊達な生活を送っていたのに、キリスト教の誤った解釈によってそれが歪められていることを批判している。(3)外からの影響を受けず、最初から最後までずっと批判を続けるという意味で、「終始一貫」が入る。(4)筆者は、新教徒と旧教徒の対立で以前のように血が流れなくなったのは、ユマニストによって同じキリスト教徒が殺し合うことの愚劣さに気づかされたからだと述べている。ユマニストがここでどのような力を発揮したのかを読み取る。(5)ユマニストがなぜ新教徒と旧教徒の争いを愚劣であると断じたのかを踏まえて考える。経済問題や思想問題による戦争にも、共通した愚劣さがあるといえる。(6)「力の強いものが勝ち、栄えること」を意味する。

22 反ユートピアの旅 (54～55ページ)

巖谷國士《いわやくにお》…一九四三(昭和一八)年～。東京都生まれ。フランス文学者・評論家。批評家としての活動の他にも、旅行写真家、映画批評家など、さまざまな方面で活躍している。主な著書に、『森と芸術』『都市と魔法』などがある。

出典…『反ユートピアの旅』(紀伊國屋書店)〈I 輝く都市・虚無の都市―ユートピア考〉の一節。現代の日本が抱えるさまざまな問題の中で、ユートピアについての問題を取り上げ考察する。

読解のポイント 「ユートピア」という言葉を聞いたことはあっても、その言葉の本質的な意味を知っている人は意外と少ないのかもしれません。「どこでもない場所」という言葉の意味からも分かるとおり、それは虚構の理想郷を指します。「君はユートピアを探している」などのように、理想ばかりで現実を見ていないという批判や皮肉を込めて用いられることも多い表現です。筆者は、長い間、多くの人間が焦がれ続けてきた「どこにもない場所」が、何度も書き出されることによってどれもが似かよった「いわば、すでに実在して」いるものになっているという逆説的な現象を指摘し、こうしたユートピアが「何ものかの否定と隠蔽の上に」成り立つ、欺瞞《ぎまん》に満ちたものであるとしています。筆者が「すばらしい新世界」にかぎかっこ(「 」)をつけている意図を読み取り、「想像力をかきたて、豊かにし、無限の変化にまかせるもの」であるはずのユートピアの現状を捉えましょう。筆者がこうした問題点を踏まえて主張する、今後の現代社会のありようを見極めることが求められます。

解答

漢字 a 脳裏 b 農耕 c 至福 d ほうちく e そうぼう

(1) (例)まだどこにもないような、理想とする国や都市を作り上げたいという夢。 (2) エ

(3) (例)多様性に富むさまざまなものを排除・隠蔽し、同じ形になるようにねじ曲げたもの。(38字)

(4) 幸せな土地、輝く都市、理想の国

(5) (例)想像力は本来、負の要素すら含んで自由や多様性を思い描かせるものであるはずなのに、ユートピア的社会は画一的なイメージしか与えないため。

(6) 紋切型

解説

(1)直前の「そんな」が指す、前文の内容をまとめる。(2)「パラドックス」は、「逆説」を意味する。「どこにもない場所」という前提と、「くりかえし描きだされ」て、「いわば、すでに実在していた」という結論のつながりが不自然で

あり、逆説的であるということ。　(3)次段落の内容に注目し、「似かよっている」内容をまとめる。　(4)ユートピアのイメージを表す言葉が入る。
(5)「想像力」がどのようなものであるかは、傍線部④の直後で「想像力はむしろ……もとめるだろう」と説明されている。そして、「このような」が指す内容を踏まえ、そのあとの部分から「都市や国家のありかた」を読み取る。
(6)あとの「画一的な相貌」に着目する。同じような姿かたちに閉じこめられるということなので、同様の意味を表す「紋切型」を抜き出す。

23 グローバリゼーション

（56〜57ページ）

河《かわ》合《い》隼《はや》雄《お》…一九二八(昭和三)年〜二〇〇七(平成一九)年。兵庫県生まれ。臨床心理学者。京都大学名誉教授。京都大学理学部卒業。国際日本文化研究センター所長などを歴任。一九六二年から一九六五年までスイスに渡り、ユング研究所で日本人として初めてユング派分析家の資格を得て、ユング心理学を日本に紹介した。日本におけるユング心理学の第一人者。二〇〇二年より、文化庁長官を務めた。

出典…『日本人と日本社会のゆくえ』(岩波書店)〈序説「グローバリゼーションと日本文化」の「科学と宗教」〉から抜粋。本書は雑誌『世界』での連載を単行本化したもので、日本社会の変化の本質を考察したものである。

読解のポイント　筆者はまず「グローバリゼーション」によってもたらされる「科学技術」について言及し、その特徴として「普遍性」「一様化」等の言葉を挙げて説明します。そして「科学」が応えられないことがらに応えるものとして「宗教」を取り上げ、「個別性」という言葉でその特徴を説明します。ここまでの筆者の論旨の流れをしっかりと押さえたいところです。特に、科学と宗教の特徴を示したキーワードに着目しましょう。

　しかし、筆者の真の論考は、後半部にあります。つまり、「普遍宗教」という考え方を紹介し、本来個別的・限定的であった宗教が「世界の各地に広まってゆく」ことで、「普遍性」を持つというのです。そうであるならば、「科学」が持つ「普遍性」の問題点の対抗軸として「普遍宗教」が有効であるわけですが、筆者は両者の「普遍性」の意味は「まったく異なっている」と主張します。多くの宗教が、自分たちの宗教の「普遍性」を主張しますが、まさにそのために「普遍宗教」はどれほど世界に広がっても、唯一絶対的な「普遍」にはなり得ず、「ひとつではないところに困難が生じてくる」という事態になるわけです。筆者の結びの言葉は、本文を読みこんで考えるというより、過去・現在、世界中で起こった、あるいは起こっている宗派間の紛争を想起するとき納得されることでしょう。

解答

漢字　a 促進　b 快適　c 発展　d 提供　e 唯一

(1) 科学技術
(2) (例)科学の普遍とは、個人を超えて、世界中どこでも絶対的な真理を持つものである。
(3) 自分自身とのかかわりにおいて世界をどう見るか(22字)
(4) (例)宗教における「普遍性」とは、それを信じる人びとの間だけで、成り立つものだということ。
(5) ウ

解説

(1)第二段落冒頭の「このようなことのために」が何を指すかを考える。それは第一段落で説明されている「科学技術」がもたらすものであるから、それにより、グローバリゼーション＝アメリカナイゼーションという考え方も生まれるのである。　(2)科学の普遍性は「個人を抜きにすることによって得た普遍性」とある。「個人を抜きにする」とはどういうことか、本文全体の論旨から考えたい。また、科学の持つ特徴が何であったかを振り返る。　(3)第三段落の前半に近代科学が「人間(観察者)と現象を切り離すことによって成立するのに対して」とあり、ここに着目できれば、後に続く箇所が宗教の定義であるので解答は容易であろう。　(4)「間主観」とは聞き慣れない言葉だが、ここでは、「間」＝その宗教を信じている人と人、「主観」＝その宗教を絶対的なものとして信じること、と考えれば答えられる。　(5)直前の「それを信じている人は、それこそが『ユイイツ普遍』と思うだろうが」に着目する。あとは一般的な宗教問題を想起できるかが鍵となる。

24 砂漠への旅 （50～59ページ）

森本哲郎《もりもとてつろう》…一九二五(大正一四)年～二〇一四(平成二六)年。東京都生まれ。評論家。大学在学中より風刺雑誌『VAN』編集長を務める。東京新聞社を経て朝日新聞社に入社。朝日新聞社では学芸部次長、東京本社編集委員などを歴任。同社を退社後は、フリーの評論家として世界各国を歴訪し、文明批評や旅行記などの著述を中心に活動した。文明論などをテーマとした著書が多数ある。

出典…『すばらしき旅―人間・歳月・出会い』(ダイヤモンド社)〈7 砂漠への旅〉から抜粋。本書は、世界各地の歴史に肌で触れた旅と過酷な砂漠で生を見つめた旅を、詩情あふれる文章で綴った旅行記である。

読解のポイント　何度も砂漠に足を運んだ筆者が砂漠について綴った文章です。筆者は砂漠に惹かれる理由を「反世界」という言葉で説明します。これは筆者独自の使い方ですが、第二段落冒頭の「たしかに砂漠は私たちの住む日本の風土の反対の極と言ってもいいであろう」とあることから、「世界」＝私たちの住む日本、であることがわかります。さらに、その内容を和辻哲郎の著作を例に挙げて言及していきます。そこでは新たな表現「青山的な私」で、日本とは対極にある砂漠を説明しようとしています。そして「反世界」である砂漠に身を置くと、日本での生活が〝反世界〟のように思えてくる」と述べています。ここで「反世界」の意味が反転していることを押さえて読み進めると、「現代日本文明論」というべき内容になります。筆者はまず「なぜ日本には、あんなにものがあふれているのだろう」と考えます。しかし「生きていく必要以上のものがあることが文化ではないか」と考え直します。そして筆者はそこからさらに考え直し、「余分なものが文化であるとしても、そのすべてが文化とは言えないから、その内容を吟味する必要があるだろう」という結論に導かれます。こうした思考をもたらす砂漠を「鏡の国」と定義していることを理解したいところです。

解答

漢字　a 対極　b 衝撃　c 奇妙　d 集積　e 否定

(1) 砂と空だけ(5字)

(2) ① オ

② (例)人の住みやすい環境に慣れている、モンスーン型の日本人の私。(29字)

(3) (例)そうだからといって

(4) (例)何もない砂漠に身を置くと、物にあふれた文明社会の現状がそのまま映し出され、様々な反省をもたらすから。(50字)

解説

(1)「反世界」＝「砂漠」であることをまず押さえる。設問の指示に従い、砂漠を具体的に説明している語句を探す。候補はいくつかあるが、字数指定に従えば絞られる。　(2)①成句の問題であるが、知らないと難しいかもしれない。「青山」とは「骨を埋めるのにふさわしい土地」という意味。他の選択肢を意味する成句は次のとおり。**ア**人間万事塞翁が馬　**イ**朝に紅顔ありて夕べに白骨となる　**ウ**虚心坦懐　**エ**臥薪嘗胆　②「青山」＝「骨を埋めるのにふさわしい土地」＝「住みやすい環境」と考える。「モンスーン型の日本人」という言葉も使いたい。　(3)「さりとて」＝「然りとて」。「然」には、「そのようにある」、「とて」は「～としても」の意がある。また文脈からも、逆接の関係になっていることには気付くだろう。　(4)前文の「砂漠とは、こうした反省を私にもたらす世界である」をふまえた上で、一般的な「鏡」の特徴を考え、「映す」という言葉を使って答えたい。さらにこの場合何を「映す」のかを考えると、前段落で筆者が考えをめぐらした内容となる。それを一言でまとめれば、「物にあふれた日本の現状」となろう。理由を示す「～から」という言葉で結ぶこと。

章末問題　遠い挿話　（60〜63ページ）

今福龍太《いまふくりゅうた》…一九五五（昭和三〇）年〜。東京都生まれ。文化人類学者。東京大学法学部卒業。メキシコ国立自治大学勤務、札幌大学教授などを経て、二〇〇五年から東京外国語大学大学院教授。キャンパスの外に新しい遊動的な学びの場の創造を求め、二〇〇二年より巡礼型の野外学舎である「奄美自由大学」を主宰。

出典…『遠い挿話』（青弓社）〈光の旅〝光学の旅人〟〉の一節。本書は人類学者である筆者が、その視点から旅の本質を問い直す、旅の試論集である。遥かな異郷で拾い集めた小さな物語の数々。その断片は言葉の力でみずからの近傍を問う思考へと接続され、旅の本質、生きることの叡知として発現する、爽快でスリリングな内容となっている。

読解のポイント　本章では「世界と日本」というテーマの下、広い視野に立った文章を集めてきました。そのしめくくりとして、「旅の意味」を考察した文章を取り上げます。筆者はまず、フュッセルがその著作で論じた三種類の旅人、「探検家」「ツーリスト」「トラヴェラー」を取り上げます。そして、「探検家」を「しばしば爵位をもってその活動を顕彰されるようなタイプの旅人」、「ツーリスト」を「『商業主義的な企業家によってあらかじめ発見された大衆的価値』を『追認する』旅人」、「トラヴェラー」を「旅の途中で起こるだろう『予期せぬ経験を旅の長所として留保しつつ（残しつつ）』『時代の経済原理をたくみに利用しながら旅していく』旅人」とするフュッセルの論考を紹介します。まずはこの三種類の旅人の特徴をしっかり押さえた上で、次に紹介される筆者の論考を見ていきます。ここで筆者はこれらの定義に異議をはさみ、この三種類の旅人の相違点よりも共通点を見ようとします。その共通点とは、「起点と終点があらかじめ想定されている」ということです。その上で「自己と他者が明確に差異化されることによって、西欧的旅人の主体性はアイデンティティを維持しつづけることができた」わけであり、これがかつての西洋流の旅でありました。筆者のこの指摘をふまえた上で、「だが二十世紀末の現在」以下に展開される筆者の主要意見を理解し、把握する必要があります。それは筆者の言葉によれば、「旅そのものが安定したアイデンティティの実践であることをやめ、行方のない彷徨を開始した」ことであり、より具体的には、「隔絶された『辺境』で傍若無人のツーリストたち（＝同胞）に遭遇」し、「家へ帰りつい」てみると逆に移住者たち（＝異人）に出会うということです。旅の本質が変貌したという論考の一連の流れをしっかり押さえたい問題です。

解答

(1) エ　(2) ウ

(3) （例）物事のやり方や見方が一定の様式にのっとっていること。

(4) イ

(5) （例）「旅の始まり」とは探検家のような未知の発見の旅であり、「旅の終焉」とはツーリストのような既知の追認にしか過ぎない旅のことである。

(6) ウ　(7) エ

(8) （例）旅先では異文化を体験できないのに、故郷では文化の異なる移住者を目の当たりにすることになるから。（47字）

(9) あ○　い×　う×　え○　お○

解説

(1)探検家の説明として第二段落に「処女的発見のための旅」とあり、続く部分にこの「発見」の中身が「地理的・博物学的・考古学的」とある。そしてこれらの「発見」が「新しい科学的世界像の形成と深く結びついている」とある。(2)文脈から肯定的な意味の語は入り得ない。まず**ア・イ**は候補から外す。その上で後に続く「探検家」との比較の表現に着目する。「探検家」がリスクを進んで冒そうとする人々、「ツーリスト」は「徹底して既知の側につき……『知識』を……追認」する人々である。両者を比較して言葉を選ぶならば、前者の「能動」に対して、「受動」という言葉がふさわしいであろう。(3)元来の意味は「紋」（主に家紋）の形を切り抜くための一定の型を指した。そこから、解答のような意味が生まれた。(4)続く部分に注目する。キーワードを取り上げると「適度な異国趣味と適度な冒険」「安定した『世界』像」「時代の経済原理をたくみに利用」。これらを文脈に沿って別の言葉に置き換えると「冒険心を満たす」「自分たちの価値観は守る」「便利な旅のシステムは利用」となり、イがふさわしいであろう。　(5)旅の「始まり」と「終焉」が何を指すかをまず考える。「冒険家」のように未知の場所を探検すること＝旅の初期段階、「ツーリスト」のように既知の場所を訪ねること＝旅の最終段階であることを理解してまとめればよい。(6)三者の共通点であるから、エはまず除外すること。その上で「その点」が「起点と終点があらかじめ想定されている」ことを指すとわかれば容易であろう。「起点」「終点」に対応する説明がある選択肢を選ぶ。　(7)前の部分を参照すること。これまでの西欧的な旅とは「家と外国とを空間的に峻別（＝厳しく区別すること）」、「自己と他者が明確に差異化」、「アイデンティティを維持」となる。設問の主旨はこれらを「解き放った」のである。この場合の「解き放った」は文脈から「解放」というような強い肯定を意味しない。あとの「あることをやめ」「彷徨（＝さまようこと）を開始したのだ」の傍点部に着目すれば、「解き放った」は変化・変質を意味することがわかる。　(8)傍線部⑦の理由は前段落後半部分にある。この内容をまとめればよいが、基本的にはそれまでの西欧的な旅の特質が変質したからである。それまでの旅の最大の特質は何か？(6)にあるように、「起点と終点があらかじめ想定されている」ことである。そして変質したのは「起点」「終点」そのものである。「起点は〇〇なのに、終点は〇〇となったから」という形に基づいて、それぞれの変質の内容をまとめる。(9)(あ)第二段落に「トラヴェラーやツーリストの旅が……探検家の実践とは意味づけを異にしているからだ」に着目する。　(い)筆者が問題視しているのはフュッセルの分類が西洋的アイデンティティの域を出ていないことである。　(う)西欧人の旅が「ディアスポラ」なのではなく、旅の出発点である自分たちの祖国がそうなっている。　(え)終わりから二段落目に「彼らの思考と表現の基地・中心地としての『家』を失いつつある」に着目する。　(お)第二段落に「科学的世界像の形成と深く結びついている」とある。